Molekulare Partyrezepte

Molekulare Partyrezepte

42 Rezepte für Einsteiger und Fortgeschrittene

Inhaltsverzeichnis

Vorwort	6
Die richtigen Zutaten zum Gelieren, Verkapseln und Schäumen	8
Die Grundtechniken	16
Tipps und Tricks	26
DRINKS TO STAY	28
Bull Shooter	Ron de Preter	30
Rotwein Jelly	Ron de Preter	32
Summer Kiss	Ron de Preter	33
Sheer Cinnamon	Sabrina Glasmacher	34
Green Coconut Fruit	Ron de Preter	36
Lychee-Tiser	Ron de Preter	39
Wodka-Energy-Shot	Ron de Preter	40
Gin Tonic	Ron de Preter	42
Djakarta Kiss	Ron de Preter	43
Party Special	Ron de Preter	45
Sex on the Beach	Ron de Preter	46
Sex on the Beach Spoon Cocktail	Ron de Preter	48
FINGERFOOD	50
Fingerfood Cheese Sticks	Sabrina Glasmacher	53
Bananenweizen mit Weißwurstchip	Axel Herz	55
Karottenkaviar auf Frischkäsecracker	Sabrina Glasmacher	56
Cheesy Foam	Sabrina Glasmacher	57
Canapé Hawaii	Axel Herz	59
Ziegenkäsecreme in Knäckerolle	Axel Herz	61
Schinkenkörbchen mit Melonenkaviar und Rucolaluft	Axel Herz	62
Molekularer Burger	Sabrina Glasmacher	65
Latte-Macchiato-Karamell-Praline	Sabrina Glasmacher	68
Toffee-Drops	Sabrina Glasmacher	70
Wassermelonenkaviar mit Limoncello-Espuma	Axel Herz	71
Galliano Hot Shot	Axel Herz	72

DINNER PARTY	74
Käse-Lauch-Suppe Redesigned	Sabrina Glasmacher	77
Glasnudelsalat mit Garnele	Axel Herz	79
Paprikamousse mit Himbeere und Grapefruitluft	Axel Herz	81
Spaghetti-Carbonara-Schnecken	Sabrina Glasmacher	82
Tomatenconsommé mit Basilikumspaghetti	Sabrina Glasmacher	83
In Kokosmilch pochierter Kabeljau mit Rote Bete und Maracuja	Axel Herz	84
Warmes Mousse au Chocolat in Vanillefolie	Sabrina Glasmacher	86
Gemischte Beeren mit Rosé-Mousseline	Axel Herz	87
Jasmincreme mit Mangogelee	Axel Herz	89
Brandy-Tagliatelle mit Orangensauce	Ron de Preter	91
Black Forest Fast Cake	Sabrina Glasmacher	92
Mangoflan	Axel Herz	94
Apfelstrudel rekonstruiert	Sabrina Glasmacher	96
PARTY HIGHLIGHTS	98
Elektrischer Caipirinha	Axel Herz	101
Spanische Tomatensuppe	Sabrina Glasmacher	102
Garnelenbonbon in Hummerfolie	Axel Herz	105
Pilzconsommé mit Trüffelnudeln	Axel Herz	107
Gnocchi mit Schinkenchip und Bockwursteis	Axel Herz	108
Sphärisierte Feuerzangenbowle	Axel Herz	111
Die Autoren	114
Bezugsquellen A–Z	115
Rezeptverzeichnis	117
Sachregister	118
Impressum	120

Der Trend geht weiter –
nun mischen wir die Partyszene molekular auf!

Nette Leute, ausgelassene Stimmung und gutes Essen – mehr braucht man für eine gute Party nicht. Doch für eine Party der besonderen Art braucht man dieses Buch: innovativ, originell, extravagant, verrückt! Die auf hochwertigen Grundprodukten und molekularen Zubereitungstechniken basierenden Kompositionen garantieren Partyspaß vom Feinsten!

Zusammen mit dem partyPro-Baukasten ergänzt das Buch »Molekulare Partyrezepte« die Reihe der molekularen Starter-Sets perfekt. Neben Cocktails und Desserts widmet sich der dritte Teil dieser Reihe aber auch einmal den Vorspeisen, Hauptgerichten und dem Fingerfood. Überraschen Sie Ihre Gäste, indem Sie Ihre Partyklassiker einmal molekular zubereiten! Neben den Must-Haves wie z. B. dem Käseigel oder dem Toast Hawaii in molekularer Form als »Fingerfood Cheese Sticks« und »Canapé Hawaii«, finden Sie in diesem Buch auch viele neue, innovative Rezepte, die Sie begeistern werden. Die bebilderten Anleitungen und die ausführlich geschriebenen Rezepte helfen Ihnen beim einfachen Einstieg in die Welt des molekularen Kochens. Ungeübte und Ungeduldige können bei Rezepten mit geringer Vor- und Zubereitungszeit zeigen, was in ihnen steckt. Es findet sich aber auch Skurriles und Ausgefallenes für echte Kenner und experimentierfreudige Profis. Die Zeitangaben für Vor- und Zubereitung ermöglichen eine gute Planung im Vorhinein und eine stress- und pannenfreie Durchführung am Abend der Party. Entdecken Sie die molekularen Partyrezepte auch zusammen mit Ihren Gästen: In Gesellschaft macht das Zubereiten gleich viel mehr Spaß.

Die Texturgeber selbst und die Basic-Anwendungen werden Ihnen zu Beginn detailliert erklärt, sodass Sie auch Ihre eigenen kreativen Ideen umsetzen können. Die Rezepte in diesem Buch basieren auf der Verwendung von texturePro-Produkten. Eine besonders einfache Dosierung und Anwendung sowie eine gute Löslichkeit der Texturgeber machen sie gerade für den Einstieg in die Welt des molekularen Kochens so wertvoll. Eine Umrechnung auf andere Texturgeber ist nicht detailgenau möglich, da deren Verwendung immer grammgenau erfolgen muss.

Der partyPro-Baukasten enthält nur natürliche Substanzen, die man sehr wahrscheinlich – ohne es zu merken – schon einmal gegessen hat. Keinesfalls ist er ein Chemiebaukasten mit chemischen Zusatzstoffen. Die meisten Texturgeber wurden aus der Lebensmittelindustrie adaptiert und kommen z. B. in Konfitüren, Joghurts und Dressings vor. Die Texturgeber Aga-, Algi-, Cala-, Cellu- und lotazoon sind geschmack-, geruch- und farblos, beeinflussen also wirklich nur die Textur. Wenn Sie ein hochwertiges Grundprodukt verwenden, können Sie sicher sein, dass alles hervorragend schmeckt und gesundheitlich unbedenklich ist. So können Sie mit den Kreationen dieses Buches einen hohen Anspruch an Qualität und Geschmack mit überraschenden, neuen Texturen und Aromen in Einklang bringen.

Wir wünschen Ihnen viel Spaß beim Entdecken und Ausprobieren der innovativen »Molekularen Partyrezepte«, denn darum geht es uns – seien Sie inspiriert und erforschen Sie die vielen Möglichkeiten, die Ihnen die Welt des molekularen Kochens bietet. Bleiben Sie kreativ!

Die richtigen Zutaten
zum Gelieren, Verkapseln und Schäumen

Der partyPro-Baukasten enthält alle innovativen Zutaten und Hilfsmittel, die Sie z. B. zur Herstellung geschäumter Hauptgerichte, verkapselter Desserts und essbarer Cocktails benötigen:

- AGAZOON **können Sie u. a. zur Herstellung essbarer Cocktails verwenden.**
- ALGIZOON **und** CALAZOON **dienen der Herstellung verkapselter Perlen, die im Mund zerplatzen und spontan ihren flüssigen Kern freigeben.**
- CELLUZOON **erzeugt aus Flüssigkeiten sog. Espumas, Schäume zum Essen.**
- IOTAZOON **nutzt man zur Herstellung cremiger Schäume oder für feste Gelees in beliebiger Form.**
- KNISTAZOON **erzeugt ein Prickeln mit Knalleffekt auf Ihrer Zunge.**

Die innovativen Zutaten zur Herstellung der molekularen Partyrezepte sind rein natürlich und stammen nicht aus dem Chemiebaukasten. Es handelt sich um Zuckermoleküle, die aus Algen (Agazoon, Algizoon und Iotazoon) oder Pflanzenfasern (Celluzoon) gewonnen werden. Diese Zuckermoleküle wirken als Gelier- oder Verdickungsmittel, da sie Wasser mehr oder weniger fest binden können. Man kann Aromakapseln oder kaviarähnliche Perlen herstellen, Flüssigkeiten fest gelieren und dadurch in die unterschiedlichsten Formen bringen, oder in luftige Schäume verwandeln. Lassen Sie sich von den molekularen Partyrezepten begeistern und kreieren Sie Ihre persönlichen neuen Highlights.

1 DOSIERLÖFFEL

zur Dosierung der Texturgeber und des Knistazoons

2 SPRITZE

zur Herstellung kleiner Aromaperlen (Kaviar) und falscher Spaghetti

3 KNISTAZOON

für prickelnde Knalleffekte

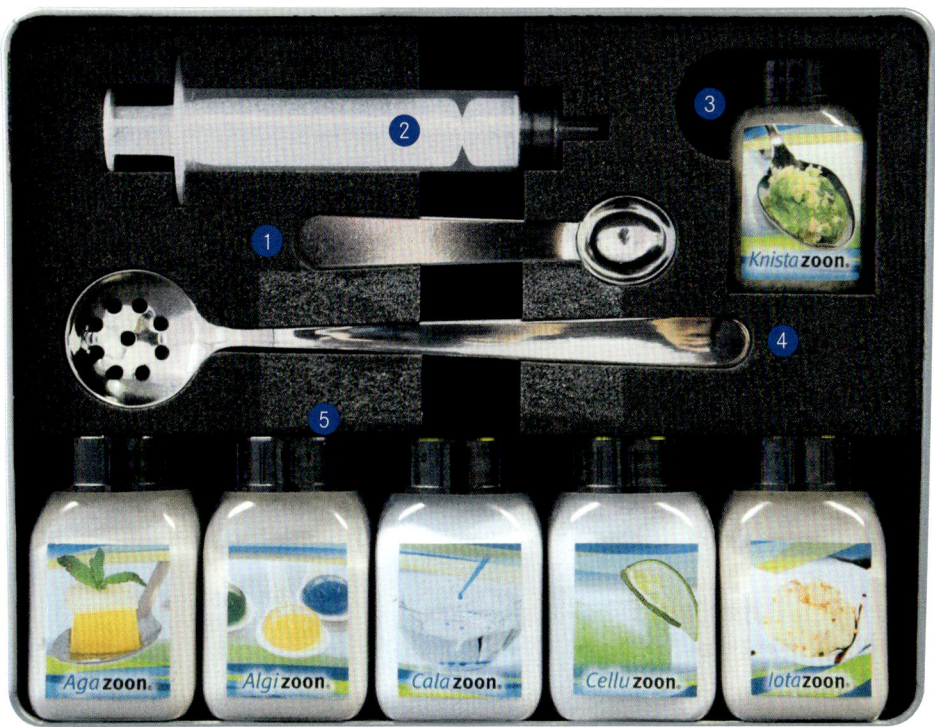

4 SIEBLÖFFEL

zum Abschöpfen der Drops, Perlen und Schäume

5 NATÜRLICHE TEXTURGEBER

zur Herstellung von Schäumen, festen oder fluiden Gelen oder von flüssigen Kapseln

Die richtigen Zutaten

Algizoon

Algizoon besteht aus Natrium-Alginat, einem Geliermittel, das aus den Zellwänden von Braunalgen gewonnen wird. Den Algen verleiht es sowohl Flexibilität als auch Festigkeit.

Es wird in der Lebensmittelindustrie als Stabilisierungs- und Geliermittel verwendet, beispielsweise zur Herstellung von Creme- und Fruchtfüllungen in Backwaren, zur Verhinderung der Kristallbildung in Eiscreme und Sorbets oder zur Verbesserung von Struktur und Konsistenz in fettarmen Brotaufstrichen.

Algizoon bildet zusammen mit Calcium (Calazoon) feste, flexible Gele aus. Das Calcium lagert sich dabei so an die Bestandteile des Algizoons an, dass ein dreidimensionales Netzwerk entsteht, in dem das Wasser fest eingeschlossen wird. Dieses Netzwerk ist sehr flexibel, hitzestabil und kann nur manuell, z. B. beim Zerbeißen zerstört werden.

Die sicherlich effektvollste Anwendung von Algizoon ist die Verkapselung oder »Sphärifikation«, wie Sie von den spanischen Vorreitern der molekularen Gastronomie genannt wird. Eine detaillierte Beschreibung dieser Anwendung finden Sie auf den Seiten 22–25.

Tropft man eine mit Algizoon versetzte Flüssigkeit in ein Bad mit Calazoon, dann reagiert das Geliermittel schlagartig mit dem Calcium und es entstehen runde Kapseln (Perlen). Diese haben eine feste Hülle und einen flüssigen Kern, der im Mund zerplatzt und eine wahre Geschmacksexplosion auslöst. Möchten Sie eine bereits calciumhaltige Flüssigkeit verkapseln, gelingt Ihnen das mit der umgekehrten Sphärifikation. Dabei tropfen Sie eine Flüssigkeit, die natürliches Calcium enthält oder mit Calazoon versetzt wurde, in ein Algizoon-Bad. Die Anleitung hierzu finden Sie auf Seite 24.

Auf diese Art und Weise können Sie Flüssigkeiten in Form von kleinen Perlen bis hin zu großen Kugeln verkapseln, wie z. B. den »Djakarta Kiss« (Seite 43) oder die innovativen Ketchup-Perlen zum »Molekularen Burger« (Seite 65). Serviert auf sog. Happy Spoons bilden essbare Cocktails ein absolutes Highlight, die Perlen zu einem normalen Gericht garantieren einen aufregenden Kontrast.

Calazoon

Calazoon ist Calciumlactat (E 327), das Calciumsalz der Milchsäure, welches in gelöster Form in Milch enthalten ist. Calcium ist als Bestandteil von Knochen und Zähnen ein lebenswichtiges Mineral für den Menschen. Neben seinen funktionellen Eigenschaften als Säureregulator oder Festigungsmittel dient Calciumlactat in Lebensmitteln auch der Anreicherung mit Calcium, um eine ausreichende tägliche Calciumzufuhr von Säuglingen bis zu Erwachsenen zu gewährleisten.

Calazoon dient als Hilfsstoff für die Geliermittel Algizoon und Iotazoon. Die entstehenden Gele gelten als besonders fest und doch flexibel und sind aufgrund dieser Eigenschaften für viele Anwendungen in der molekularen Gastronomie interessant. Während für das Gelieren vieler Desserts mit Iotazoon calciumreiche Zutaten wie Milch oder Sauermolke ausreichen, werden für spezielle Anwendungen, wie z. B. das Formen von Gelkapseln, höhere Calciumkonzentrationen von 4 bis 5 % benötigt, die sich in anderen küchenüblichen Zutaten nicht finden lassen.

Für diese Anwendungen können Sie Calazoon einsetzen, das sich durch einen sehr milden und angenehmen Geschmack auszeichnet und daher das Aroma der im Calazoon-Bad hergestellten Perlen und Kapseln nicht verfälscht. Bei der Herstellung der Gelkapseln gilt dann: Je höher die Konzentration von Calazoon im Calazoon-Bad (Anleitung auf Seite 22), desto schneller werden die Kapseln und Perlen fest; und je länger die Kapseln und Perlen im Calazoon-Bad verweilen, desto stärker wird ihre Außenhülle.

Bei der umgekehrten Sphärifikation gibt man Calazoon in die zu verkapselnde Flüssigkeit, falls diese kein ausreichendes natürliches Calcium enthält, und tropft sie in ein Algizoon-Bad (Anleitung auf Seite 24).

Agazoon

Agazoon enthält Agar-Agar, ein aus Rotalgen und Seegräsern gewonnenes Geliermittel, das seit Jahrhunderten in der asiatischen Küche verwendet wird. Es ist ein geruchs- und geschmacksneutrales Geliermittel, das als vegetarischer Ersatz für Gelatine benutzt wird. Agar-Agar kommt als natürlicher Lebensmittelzusatzstoff unter der Nummer E 406 bei der industriellen Herstellung von Aspik, Gelees, Eiscreme, Marmelade, Mäusespeck und vielen anderen Süßwaren, Joghurts und Milchprodukten zum Einsatz.

Agazoon geliert nach dem Aufkochen. Es bindet heiße Flüssigkeiten beim Abkühlen auf Zimmertemperatur oder darunter zu einer schnittfesten Konsistenz, die die Form des Gefäßes annimmt, in der sie erkaltet. Dadurch können feste Gelees in allen erdenklichen Formen hergestellt werden. So kann man beispielsweise gelierte Eiswürfel produzieren, die im Cocktail nicht schmelzen. Bei Erhitzung auf über 80 °C wird das mit Agazoon gebundene Gelee wieder flüssig. Somit kann der Geliervorgang wiederholt werden, falls die hergestellte Form nicht gefällt. Zum Gelieren von alkoholhaltigen Cocktails kann der Alkohol während der Abkühlung zugegeben werden, kurz bevor das Gelee erstarrt.

So entsteht z. B. der essbare Cocktail »Sheer Cinnamon« (Seite 34) und die »Latte-Macchiato-Karamell-Praline« (Seite 68). Durch das Abkühlen der heißen Flüssigkeit in einem Schlauch kann man sogar molekulare »Spaghetti Carbonara« (Seite 82) herstellen, die durch Gegendruck einer mit Luft gefüllten Spritze aus dem Schlauch gedrückt werden und dekorativ auf einem Teller platziert werden können.

Celluzoon

Celluzoon ist ein Cellulosetyp, der aus Pflanzenfasern gewonnen wird. Es stellt die wichtigste Gerüstsubstanz in verholzten Pflanzenfasern dar. Aber auch in Lebensmitteln kann Cellulose die Struktur von Flüssigkeiten und Gelen bzw. die Stabilität von Schäumen verbessern. So findet Cellulose vielfältige Einsatzgebiete und wird u. a. bei der Herstellung von Mayonnaise, Saucen, Ketchup, Desserts, Speiseeis, Backwaren und fettreduzierten Lebensmitteln eingesetzt.

Im Gegensatz zu anderen Cellulosetypen ist Celluzoon gut wasserlöslich, verleiht Flüssigkeiten eine zähflüssige Konsistenz und bildet beim Erhitzen starke Gele aus. Schon durch die Zugabe geringer Mengen Celluzoon können Flüssigkeiten in stabile, luftige Schäume verwandelt werden, z. B. in einen Mandarinenschaum zu den »Fingerfood-Cheese-Sticks« (Seite 53). In Form von Schäumen entwickeln die Gerichte sehr prägnante und nachhaltige Aromen. Denn Schäume haben eine größere Oberfläche, erreichen so viel mehr Geschmackspapillen im Mund als wässrige Flüssigkeiten und wirken damit auch körperreicher.

In Kombination mit Celluzoon können Flüssigkeiten mit einem elektrischen Handrührgerät zu Schaum aufgeschlagen werden. Hierbei empfiehlt sich zur Verbesserung der Wasserbindung die Kombination von Celluzoon mit Xanthazoon. Wird ein Sahnesiphon verwendet, entstehen sehr kompakte und cremige Schäume. Bei der Verwandlung von Flüssigkeiten in Schäume kann man je nach gewünschter Konsistenz beide Zubereitungsarten nutzen.

Iotazoon

Iotazoon ist ein Carrageentyp, der aus Rotalgen gewonnen wird. Der Vielfachzucker wird mit heißem Wasser aus den Zellwänden der Rotalgen herausgelöst. Durch Reinigung, schonendes Trocknen und Vermahlen entsteht dann ein weiß bis gelbliches, geruch- und geschmackloses Pulver. Iota-Carrageen wird industriell als Geliermittel und Stabilisator z. B. zur Herstellung von Pasteten, Desserts, Konfekt, Saucen und Getränken verwendet.

Iotazoon geliert zum einen durch Erhitzen und Abkühlen, d. h. es bindet heiße Flüssigkeiten beim Abkühlen auf Zimmertemperatur oder darunter zu einer schnittfesten Konsistenz, die die Form des Gefäßes annimmt, in der sie erkaltet.

Dadurch können feste Gelees in allen erdenklichen Formen hergestellt werden, z. B. als »Toffee-Drops« (Seite 70). Bei erneutem Erhitzen wird das mit Iotazoon gebundene feste Gelee wieder flüssig. So kann der Geliervorgang wiederholt werden, falls die hergestellte Form nicht gefällt.

Zum anderen reagiert Iotazoon auch mit Calcium-Ionen (Calazoon) und produziert sehr flexible und weiche Gele. Diese Gele besitzen sog. pseudoplastische Eigenschaften, d. h. durch Schütteln, Rühren oder beim Kauen wird das Gel verflüssigt, nach längerem Stehen verfestigt es sich wieder (zu vergleichen mit Ketchup). Diese Eigenschaft vermittelt ein schmelzendes Mundgefühl. Iotazoon ist aufgrund des hohen Calciumgehaltes von Milchprodukten besonders gut zu deren Verarbeitung geeignet. Durch Kombination beider Effekte (Hitzegelierung und Reaktion mit Calcium) können Milchschäume hergestellt werden, die so cremig sind wie Sahne. So können Sie z. B. sehr einfach den »Cheesy Foam« (Seite 57) oder das »Warme Mousse au Chocolat in Vanillefolie« (Seite 86) herstellen.

Knistazoon

Knistazoon wird aus mehreren Komponenten hergestellt, die wichtigsten sind dabei Zucker und Laktose. Der Knalleffekt wird durch die Zugabe von CO_2 hervorgerufen, wodurch das Produkt, sobald es mit einer Flüssigkeit in Verbindung kommt, anfängt zu reagieren. Ähnlich dem Sprudelwasser hinterlässt diese Reaktion einen prickelnden Effekt. Bekannt ist das Produkt u. a. aus diversen Schokoladensorten oder auch als Zugabe verschiedener Lollis und Lutscher.

Das Knistazoon können Sie als Topping und Finish zu allen Cocktails oder Desserts reichen, z. B. zu dem »Elektrischen Caipirinha« (Seite 101) oder zu dem »Wassermelonenkaviar mit Limoncello-Espuma« (Seite 71). Ganz einfach aufstreuen und sofort servieren oder in einer Extraschale dazureichen, sodass jeder Gast selbst bestimmen kann, wie oft und wie viele Knalleffekte er haben möchte.

Da das Knistazoon sehr hygroskopisch ist, sollten Sie immer darauf achten, dass die Dose nie länger als nötig offen ist. Das Knistazoon bindet sonst die in der Umgebung enthaltene Luftfeuchtigkeit und es könnte zur Klümpchenbildung kommen. Dies beeinträchtigt die Wirkung des Knistazoons nicht; Sie können die Verklumpung ganz einfach durch Schütteln oder leichtes Klopfen auf eine Tischplatte wieder lösen.

Die richtigen Zutaten

Herstellung von gelierten Schäumen

PRODUKT: Iotazoon

PRINZIP: Iotazoon ist als Texturgeber besonders gut zur Verarbeitung von Milchprodukten geeignet. Es verleiht ihnen auch bei niedrigem Fettgehalt eine cremige, sahnige Konsistenz. Mithilfe eines Sahnesiphons kann durch Iotazoon eine Schokomilch ganz einfach in eine Mousse au Chocolat verwandelt werden.

REZEPTBEISPIELE: Warmes Mousse au Chocolat in Vanillefolie (Seite 86)

ANLEITUNG

1. 2 gestr. Dosierlöffel Iotazoon mit 200 ml Flüssigkeit (hier im Beispiel eine Schokomilch) in einen kleinen Topf geben.

2. Iotazoon-Pulver mit einem Schneebesen vollständig in der Flüssigkeit auflösen und diese unter ständigem Rühren kurz aufkochen.

3. Die heiße Flüssigkeit aus (2) in einen Sahnesiphon füllen, diesen fest verschließen und mit ein bis zwei Patronen beladen. Während des Abkühlens öfter kräftig schütteln.

Vor dem Aufschäumen ein weiteres Mal kräftig schütteln und dann den Schaum kopfüber aus dem Sahnesiphon sprühen. Der Schaum kann direkt auf den angerichteten Teller gesprüht werden. Wenn Sie ihn vorher in ein separates Gefäß geben, können Sie den Schaum mit einem Löffel leichter auf einem Dessert anrichten und ggf. nachformen.

TIPP: Für einen kompakteren Schaum sollten Sie mehr von dem Iotazoon-Pulver (3–4 gestr. Dosierlöffel) verwenden.

TIPP: Verwenden Sie zwei Patronen, dann wird der Schaum lockerer. Jedoch sollten Sie bei einem Siphon mit 500 ml Fassungsvolumen nie mehr als zwei Patronen einfüllen.

Herstellung von luftigen Schäumen

PRODUKT: Celluzoon

PRINZIP: Celluzoon bindet Wasser und kann zur Stabilisierung von Schäumen genutzt werden. Das Aufschäumen erfolgt entweder mit einem elektrischen Rührgerät oder mit einem Sahnesiphon.

REZEPTBEISPIELE: Wassermelonenkaviar mit Limoncello-Espuma (Seite 71), Gemischte Beeren mit Rosé-Mousseline (Seite 87), Paprikamousse mit Himbeere und Grapefruitluft (Seite 81)

ANLEITUNG

1. 6 gestr. Dosierlöffel Celluzoon zu 100 ml heißem Wasser in ein hohes Gefäß geben.
2. Celluzoon-Pulver mit einem Schneebesen vollständig im Wasser auflösen und mind. 4 Std., besser über Nacht, in den Kühlschrank stellen.

TIPP: Das Celluzoon-Pulver löst sich unter ständigem Rühren auch in kaltem Wasser.

3. 20 ml der Celluzoon-Lösung zu 180 ml der aufzuschäumenden Flüssigkeit geben.
4. Mischung aus (3) mithilfe eines elektrischen Handrührgerätes für 1–2 Min. zu einem festen Schaum aufschlagen.
5. Schaum aus (4) in ein Glas füllen oder als Topping auf einen Cocktail geben.
6. Alternative: Aufschäumen der Flüssigkeit mit einem Sahnesiphon: Die mit Celluzoon versetzte Mischung aus (3) in einen Sahnesiphon füllen, diesen fest verschließen und mit einer Sahnepatrone beladen.

Der Schaum kann dann effektvoll direkt in ein Glas gesprüht werden. Wenn Sie den Schaum in ein separates Gefäß sprühen, können Sie ihn mit einem Löffel leichter als Topping anrichten.

TIPP: Sahnehaltige Cocktails oder Säfte mit Fruchtfleisch sollten eher mit dem Sahnesiphon aufgeschäumt werden. Zutaten, die größere Partikel enthalten, müssen vorher durch ein Sieb passiert werden, da sonst die Düse des Siphons verstopft.

Die Grundtechniken

Herstellung von festen Gelees

PRODUKT: Agazoon

PRINZIP: Agazoon geliert durch Aufkochen, d. h. es bindet heiße Flüssigkeiten bei Abkühlung auf Zimmertemperatur oder darunter zu einer schnittfesten Konsistenz, die die Form des Gefäßes annimmt, in der sie erkaltet. Dadurch können feste Gelees in allen erdenklichen Formen hergestellt werden, wie z. B. feste, essbare Cocktails oder nicht schmelzende Eiswürfel. Agazoon wird auch als vegetarische Gelatine bezeichnet.

REZEPTBEISPIELE: Sheer Cinnamon (Seite 34) oder Spaghetti-Carbonara-Schnecken (Seite 82)

ANLEITUNG

1. 2 gestr. Dosierlöffel Agazoon zu 80 ml Flüssigkeit (Saft, Likör, Cocktail) in einen kleinen Topf geben.

2. Agazoon-Pulver mit einem Schneebesen oder einem Löffel vollständig auflösen und unter ständigem Rühren aufkochen.

TIPP: Für alkoholhaltige Cocktails erst die Säfte mit dem Agazoon aufkochen und die Spirituosen wie Wodka, Rum etc. erst dann zugeben, wenn die Mischung schon etwas abgekühlt und zähflüssig ist.

3. Die heiße Mischung aus (2) sofort in hitzestabile Formen gießen. Zum Abkühlen in den Kühlschrank bzw. zur Herstellung von Eiswürfeln in den Gefrierschrank stellen.

4. Die gekühlten, festen Gelees aus (3) lösen sich in kühlen Flüssigkeiten auch nach längerer Zeit nicht auf.

Herstellung von Liquid Drops

PRODUKTE: Algizoon und Calazoon

PRINZIP: Das Geliermittel Algizoon reagiert mit Calcium (Calazoon). Dabei entsteht ein festes Gel. So lassen sich die unterschiedlichsten aromatischen Flüssigkeiten zu kleinen Perlen (Kaviar) oder großen Drops verkapseln, die eine feste Außenhülle haben und im Innern flüssig bleiben. Diese Art der Herstellung von flüssigen Kapseln sollten Sie nutzen, wenn es schnell gehen soll.

REZEPTBEISPIELE: Galliano Hot Shot (Seite 72) oder Karottenkaviar (Seite 56)

ANLEITUNG

1. Algizoon-Lösung: 120 ml stilles, calciumarmes Mineralwasser in ein hohes Gefäß (z. B. Messbecher) geben und 4 gestr. Dosierlöffel Algizoon hinzufügen.

TIPP: Calciumarmes Wasser (< 80 mg/l) für die Algizoon-Lösung verwenden, sonst geliert das Algizoon schon mit dem Wasser und die Verkapselung ist nicht mehr möglich!

2. Algizoon-Pulver mit einem elektrischen Rührstab vollständig auflösen und mind. 2 Std., besser über Nacht, in den Kühlschrank stellen, damit unerwünschte Luftblasen entweichen.

3. Calazoon-Bad: 130 ml Leitungswasser in ein hohes Gefäß (z. B. Messbecher) geben. 4 gestr. Dosierlöffel Calazoon hinzufügen. Calazoon-Pulver mit einem elektrischen Rührstab vollständig auflösen und die Lösung dann in eine kleine Schale einfüllen.

4. 20 ml der Algizoon-Lösung aus (2) mit 40 ml der zu verkapselnden Flüssigkeit mischen (hier im Beispiel Blue-Curaçao-Sirup). Die Mischung in eine Tropfflasche oder Spritze füllen.

5. Mischung aus (5) aus der Tropfflasche in das Calazoon-Bad (4) tropfen. Es entstehen kleine Perlen (Kaviar), die für ca. 30 Sek. in dem Calazoon-Bad schwimmen sollten. Für größere Drops die Mischung aus (5) mit einem Tee- oder Drop-Löffel für 30–60 Sek. in das Calazoon-Bad aus (4) geben.

6. Fertige Kapseln mit dem Sieblöffel aus dem Calazoon-Bad schöpfen, in einem separaten Wasserbad abspülen und abtropfen lassen.

TIPP: Härte und Dicke der Perlenhülle kann durch die Menge an Calazoon im Calazoon-Bad (je mehr, desto härter wird die Hülle) und durch die Verweildauer der Perlen im Calazoon-Bad (je länger, desto dicker wird die Hülle) verändert werden.

TIPP: Wenn Sie in das Calazoon-Bad etwas von der Flüssigkeit geben, aus der die Drops hergestellt werden, verlieren die Perlen nichts von ihrem Aroma.

TIPP: Benutzen Sie die Algizoon-Lösung im Verhältnis 1:1 bzw. 1:2, je nachdem welche Konsistenz die zu verkapselnde Flüssigkeit hat. Die fertige Lösung sollte immer der Konsistenz eines flüssigen Honigs gleich kommen.

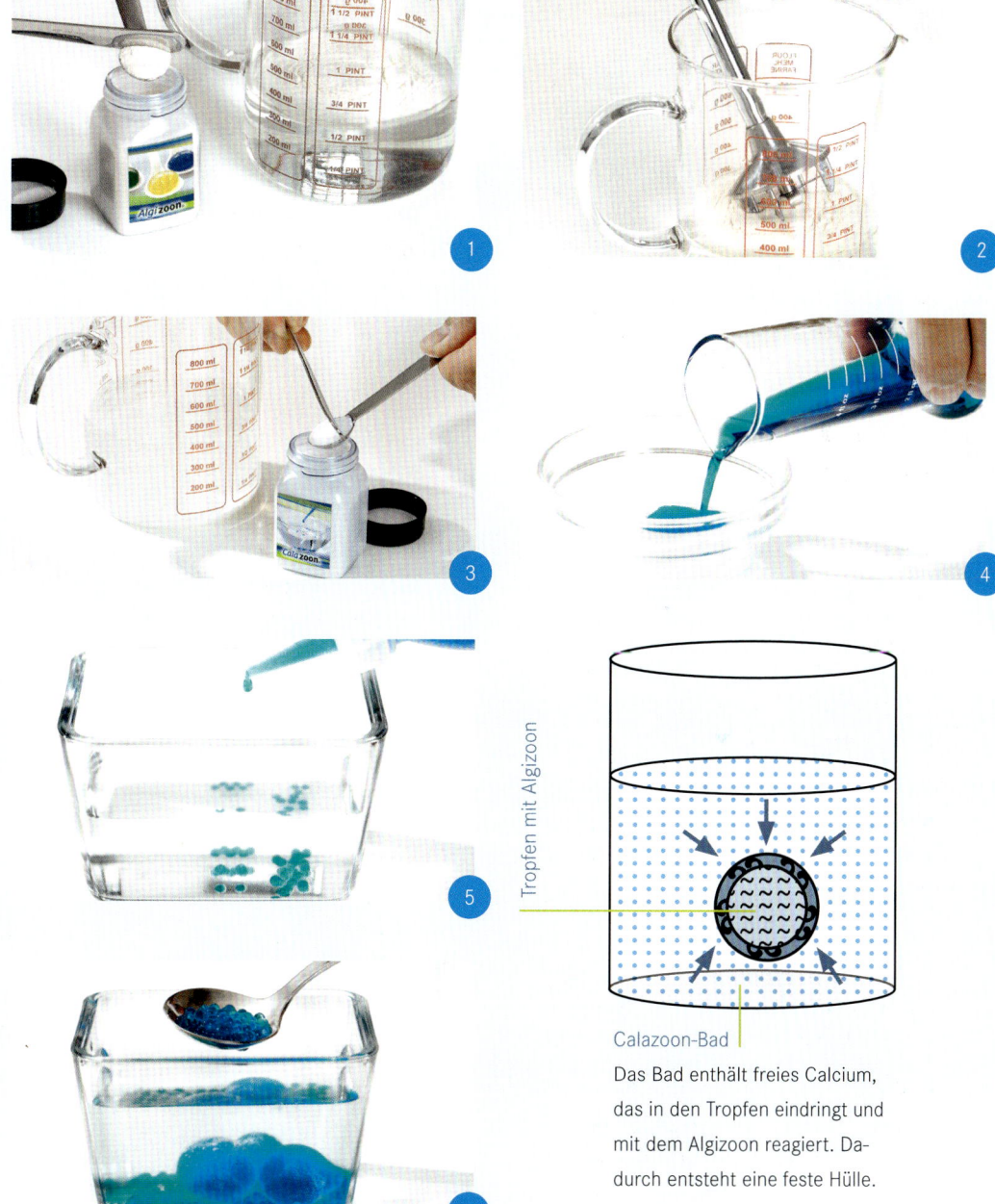

Tropfen mit Algizoon

Calazoon-Bad

Das Bad enthält freies Calcium, das in den Tropfen eindringt und mit dem Algizoon reagiert. Dadurch entsteht eine feste Hülle.

Die Grundtechniken

Umgekehrte Sphärifikation

PRODUKTE: Algizoon und Calazoon

PRINZIP: Wie auch bei der Herstellung von flüssigen Kapseln reagiert das Geliermittel Algizoon mit Calcium (Calazoon) und lässt ein festes Gel entstehen. Im Gegensatz zur normalen Verkapselung wird bei der umgekehrten Sphärifikation eine calciumhaltige oder mit Calazoon versetzte Flüssigkeit in das Algizoon-Bad getropft. Milchprodukte, saure Flüssigkeiten oder kompakte Massen können so zu schönen runden Sphären verkapselt werden. Die Gelierung dauert allerdings mehrere Minuten.

REZEPTBEISPIELE: Summer Kiss (Seite 33)

ANLEITUNG

1. Algizoon-Bad: 500 ml stilles, calciumarmes Mineralwasser in ein hohes Gefäß (z. B. Messbecher) geben und 7 gestr. Dosierlöffel Algizoon hinzufügen.

TIPP: Calciumarmes Wasser für das Algizoon-Bad verwenden, sonst geliert das Algizoon schon mit dem Wasser und die Verkapselung ist nicht mehr möglich. In Regionen mit hartem Leitungswasser daher gefiltertes oder calciumarmes, stilles Mineralwasser (< 80 mg/l) verwenden.

2. Algizoon-Pulver mit einem elektrischen Rührstab vollständig auflösen und die Lösung dann in eine Schale füllen.

TIPP: Unerwünschte Luftblasen verschwinden, wenn die Lösung für mind. 2 Std., besser über Nacht, kalt gestellt wird.

3. Calciumhaltige Masse bzw. Flüssigkeit (hier im Beispiel ein Erdbeerjoghurt) mit einem Tee- oder Esslöffel in das Algizoon-Bad aus (2) geben (die Drops können auch nachgeformt werden). Die Kapseln für einige Minuten in dem Algizoon-Bad belassen, bis die Außenhülle fest genug ist.

4. Fertige Kapseln mit dem Sieblöffel aus dem Algizoon-Bad schöpfen, in einem separaten Wasserbad abspülen und abtropfen lassen.

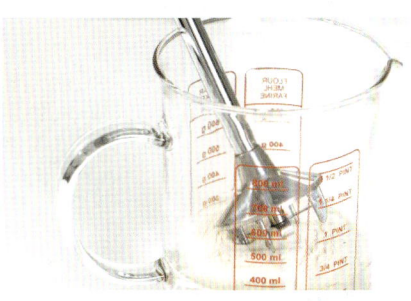

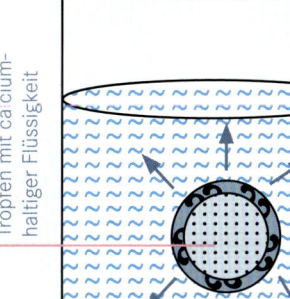

Tropfen mit calciumhaltiger Flüssigkeit

Algizoon-Bad

Das Bad enthält Algizoon, das in den Tropfen eindringt und mit dem darin enthaltenen Calcium reagiert. Dadurch entsteht eine feste Hülle.

Die Grundtechniken

Tipps und Tricks

TEXTURGEBER IN HERKÖMMLICHEN REZEPTEN: Viele Menschen neigen zu Lebensmittelallergien, bevorzugen fleischloses Essen oder beginnen gerade eine Diät. Bei Allergien auf Eigelb können Sie auch in einigen nicht-molekularen Rezepten z. B. Emulzoon verwenden, da das enthaltene Soja-Lecithin auch als Emulgator dient (z. B. bei Mayonnaisen). Agar-Agar ist ja schon länger in der vegetarischen Küche bekannt. Nehmen Sie anstatt herkömmlicher Gelatine doch einfach mal Agazoon. Mit Iotazoon können Sie ein fettarmes Dessert zubereiten, wie z. B. das »Warme Mousse au Chocolat in Vanillefolie« (Seite 86), da Sie anstatt Sahne fettarme Milch dazu benutzen können. So lassen sich die Texturgeber auch für herkömmliche Rezepte nutzen.

SIPHONS: Siphons gibt es nicht nur in verschiedenen Varianten (z. B. für Soda oder Sahne), sondern auch in den verschiedensten Größen. Generell gilt, dass man für einen 250-ml- oder 500-ml-Siphon nur eine Patrone benötigt. Für einen 1-Liter-Siphon allerdings sollten am besten zwei Patronen benutzt werden. Eine Ausnahme bilden die Gnocchi in dem Rezept »Gnocchi mit Schinkenchip und Bockwursteis« (Seite 108), da diese nur mit wenig Druck in das Bad gespritzt werden sollen.

TORTENRINGE/FÖRMCHEN: Wenn Sie spontan keinen Tortenring zur Hand haben, nehmen Sie einfach eine leere, saubere Konservendose in der Größe, in der Sie den Ring benötigen. Öffnen Sie jeweils den Deckel und Boden mit einem Sicherheitsdosenöffner, sodass Sie keine scharfen Kanten an den Schnittstellen haben. Wenn Sie eine Dose benutzen, die vorher mit einem normalen Dosenöffner geöffnet wurde, gehen Sie besser mit dem Sicherheitsdosenöffner die Ränder noch einmal nach. Die Benutzung erfolgt wie beim normalen Tortenring, je nachdem welche Dose Sie verwenden, ist auch eine Mehrfachbenutzung nach Spülung möglich.

Für die »Latte-Macchiato-Karamell-Pralinen« (Seite 68) benötigen Sie bspw. kleine Förmchen. Diese hat man nicht immer im Haus. Wenn Sie aber einmal Pralinen geschenkt bekommen, sollten Sie die Verpackung nicht direkt entsorgen. Die Förmchen, in denen vorher die Pralinen lagen, können Sie auch hervorragend als neue Formgeber verwenden.

Beim »Apfelstrudel rekonstruiert« (Seite 96) brauchen Sie Dessertringe, um die Ebenen auszustechen. Dafür können Sie auch größere Gläser verwenden, umgedreht kann man sie perfekt als Ausstecher benutzen.

FORMEN SELBST HERSTELLEN: Servieren Sie doch einmal den Cocktail nicht im Glas, sondern in einer halben Orange oder in einer ausgehöhlten Ananas! Wenn Sie diese Früchte sowieso im Rezept verwenden, können Sie die Schalen sofort als Gefäß benutzen. Und wenn Sie einmal keine Form für Gele haben, nehmen Sie ausgehöhlte Mandarinenschälchen oder eine Drachenfruchthülle und servieren einen essbaren Cocktail darin, wie in dem Rezept zu »Green Coconut Fruit« (Seite 36).

PARTYSPIELE: Testen Sie doch einmal die Geschmacksknospen Ihrer Gäste! Nehmen Sie dazu einfach verschiedene Liköre oder Säfte und gelieren Sie diese wie im Rezept »Sheer Cinnamon« (Seite 34). Ohne zu verraten, um welche Flüssigkeit es sich handelt, müssen die Testkandidaten kleine Würfel der jeweiligen Gelees probieren. Sie werden bestimmt begeistert sein, welche Geschmacksrichtungen Sie zusammengestellt haben – Partyspaß für alle!

SÄFTE/LIKÖRE/SIRUPE: Da nicht alle Säfte, Sirupe und Liköre verschiedener Marken und Hersteller die gleichen Inhaltsstoffe, Säuregrade und Qualität haben, könnte dies die Wirksamkeit des Algizoons bei der Herstellung von flüssigen Kapseln oder bei der umgekehrten Sphärifikation beeinträchtigen. Bei der Herstellung der Cocktails »Summer Kiss« (Seite 33), »Djakarta Kiss« (Seite 43), »Party Special« (Seite 45), »Sex on the Beach« (Seite 46) und »Sex on the Beach Spoon Cocktail« (Seite 48) sind deswegen Säfte von Granini, Sirupe von Monin und Liköre von Wenneker benutzt worden.

STABILISIERUNG DURCH XANTHAZOON: Bei einigen Rezepten erhöht sich die Stabilität der Drops und Schäume durch die Zugabe des Texturgebers Xanthazoon. 1 gestr. Dosierlöffel Xanthazoon pro 100 ml Flüssigkeit festigt Schäume, z. B. die Wodka-Ananas-Espuma im »Sex on the Beach Spoon Cocktail« (Seite 48) oder die Wassermelonen-Apfel-Espuma im »Party Special« (Seite 45). Auch Drops werden stabilisiert, indem man der Lösung, die in dem Algizoon-Bad verkapselt wird, nach dem Auflösen des Calazoon-Pulvers 1 gestr. Dosierlöffel Xanthazoon hinzufügt und unter Rühren vollständig auflöst. Ausprobieren kann man diese Technik z. B. beim »Summer Kiss« (Seite 33) oder beim »Djakarta Kiss« (Seite 43).

Bull Shooter | Rotwein Jelly | Summer Kiss | Sheer Cinnamon | Green Coconut Fruit | Lychee-Tiser | Wodka-Energy-Shooter | Gin Tonic | Djakarta Kiss | Party Special | Sex on the Beach

Drinks to stay

Aufregende Konsistenzen und ein unvergleichliches Aromenspiel – diese Cocktails bilden den perfekten Auftakt für einen tollen Abend mit Ihren Gästen. Sie schmecken natürlich auch nach dem Essen, zwischen dem Essen, ganz ohne Essen ...

Schwierigkeitsgrad: macht auch Ungeübten keine Probleme
Vorbereitungszeit: ca. 10 Min. (zzgl. 1 Tag zum Ausquellen)
Zubereitungszeit: ca. 10 Min.

Bull Shooter

Zutaten für 10 Shooter
4 gestr. Dosierlöffel Algizoon
120 ml stilles, calciumarmes Mineralwasser

50 ml Kräuterlikör

4 gestr. Dosierlöffel Calazoon

150 ml Energy-Drink

Zubehör
Messbecher
elektrischer Rührstab
tiefe Schalen
Jigger (20-40 ml)
Drop-Löffel
Shot- oder Reagenzgläser

1. Vorbereitung der Algizoon-Lösung In einem hohen Gefäß das Algizoon-Pulver mit dem elektrischen Rührstab in 120 ml stilles, calciumarmes Mineralwasser einrühren und vollständig lösen (siehe Anleitung auf Seite 22).

2. Vorbereitung der Kräuterlikör-Lösung Kräuterlikör und 50 ml der Algizoon-Lösung mit einem elektrischen Rührstab verrühren und mind. 2 Std., besser über Nacht, im Kühlschrank gut ausquellen lassen. Die Lösung sollte danach komplett luftblasenfrei sein.

3. Herstellung des Calazoon-Bades Das Calazoon-Pulver in 130 ml Leitungswasser verrühren, bis es sich vollständig aufgelöst hat (siehe Anleitung auf Seite 22).

4. Herstellung des Kräuterlikör-Drops Die Lösung mit dem Drop-Löffel in das vorbereitete Calazoon-Bad geben, sodass große runde Drops entstehen. Nach etwa 20 Sek. mit einem Sieblöffel herausnehmen und in einer tiefen Schale mit kaltem Wasser abspülen.

ANRICHTEN Die Shotgläser mit jeweils zwei Kräuterlikör-Drops und 15 ml Energy-Drink befüllen und servieren. Alternativ in Reagenzgläsern servieren.

TIPP Gekühlt kann die Algizoon-Lösung in einer geschlossenen Flasche/Behälter max. 2 Wochen aufbewahrt werden.

Schwierigkeitsgrad: macht auch Ungeübten keine Probleme
Zubereitungszeit: ca. 15 Min. (zzgl. 2 Std. zum Gelieren)

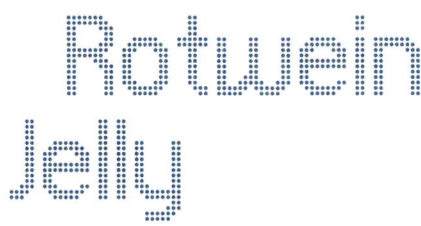

Rotwein Jelly

Zutaten für
10 Spoon-Cocktails
200 ml Rotwein (lieblich)
6 gestr. Dosierlöffel Agazoon

Zartbitterschokolade zum Garnieren

Zubehör
kleiner Topf
Schneebesen
Eiswürfelformen
Happy Spoons

Herstellung des Rotwein-Gelees Den Rotwein mit dem Agazoon-Pulver in einem kleinen Topf unter Rühren aufkochen. Den Topf vom Herd nehmen, 2 Min. abkühlen lassen und die Mischung dann in die Eiswürfelformen gießen. Zum Auskühlen und Gelieren ca. 2 Std. in den Kühlschrank stellen.

ANRICHTEN Den gelierten Rotwein aus den Formen lösen und auf Happy Spoons platzieren. Mit frisch geraspelten Schokospänen bestreut servieren.

VARIANTEN
Portwein-Jelly: Portwein anstatt Rotwein verwenden. Herstellung wie oben.
Brandy Connection: Herstellung wie oben, aber mit 180 ml Brandy, 20 ml Triple Sec und 1 TL Bio-Rohrohrzucker. Mit frisch geraspelter Orangenschale bestreut servieren.

TIPP Formen vor dem Befüllen mit Fettspray einsprühen, um ein Verkleben zu vermeiden.

Schwierigkeitsgrad: macht auch Ungeübten keine Probleme
Vorbereitungszeit: ca. 15 Min. (zzgl. 1 Tag zum Ausquellen)
Zubereitungszeit: ca. 10 Min.

Summer Kiss

Zutaten für 10 Spoon-Cocktails

40 ml Maracujanektar
40 ml Orangensaft
4 gestr. Dosierlöffel Calazoon
10 ml Vanillesirup
10 ml Sahne

6 gestr. Dosierlöffel Algizoon
500 ml stilles, calciumarmes Mineralwasser

Bio-Dinkelflakes zum Garnieren

Zubehör

Messbecher
elektrischer Rührstab
2 tiefe Schalen
Drop-Löffel
Sieblöffel
Happy Spoons

1. Vorbereitung der Summer-Kiss-Lösung In einem Messbecher den Maracujanektar, den Orangensaft und das Calazoon-Pulver mithilfe eines elektrischen Rührstabes vermischen. Erst wenn das Calazoon vollständig aufgelöst ist, Vanillesirup und Sahne dazugeben. Wieder vorsichtig verrühren und zum Entweichen der Luftbläschen mind. 2 Std., besser über Nacht, im Kühlschrank ausquellen lassen.

2. Vorbereitung des Algizoon-Bades Algizoon-Pulver in dem stillen, calciumarmen Mineralwasser mit einem elektrischen Rührstab verrühren, bis es vollständig aufgelöst ist. Zum Entweichen der Luftbläschen in eine Schale füllen und mind. 2 Std., besser über Nacht, ausquellen lassen.

3. Herstellung der Summer-Kiss-Drops Die Lösung mit dem Drop-Löffel in das vorbereitete Algizoon-Bad geben, sodass große, runde Drops entstehen. Nach etwa 4 Min. mit dem Sieblöffel herausnehmen und in einer Schale mit klarem Wasser spülen. Auf Küchenpapier abtropfen lassen.

ANRICHTEN Jeweils einen Drop auf die Happy Spoons verteilen, einige Bio-Dinkelflakes darüberstreuen und sofort servieren.

Bitte beachten: Da nicht alle Säfte, Sirupe und Liköre verschiedener Marken und Hersteller die gleichen Inhaltstoffe, Säuregrade und Qualität haben, könnte dies die Wirksamkeit des Algizoons beeinträchtigen. Für diesen Cocktail sind Säfte von Granini, Sirupe von Monin und Liköre von Wenneker benutzt worden. Zur Stabilisierung können Sie zusätzlich den Texturgeber Xanthazoon verwenden (siehe Seite 27).

Schwierigkeitsgrad: macht Ungeübten keine Probleme
Zubereitungszeit: ca. 20 Min. (zzgl. 20 Min. zum Gelieren)

Sheer Cinnamon

Zutaten für 30 Cocktails
6 EL Zucker

8 gestr. Dosierlöffel Agazoon
1 Prise Zimt
1 Spritzer Zitronensaft
40 ml Bacardi Razz
40 ml Cointreau

1 kleine Packung Himbeeren, tiefgekühlt

Zubehör
Topf
Schneebesen
Förmchen (z. B. Silikon-Eiswürfelförmchen)
Saucenlöffel

1. Vorbereitung des Läuterzuckers In einem Topf 300 ml Wasser mit dem Zucker unter ständigem Rühren aufkochen, bis sich der Zucker aufgelöst hat. In einer verschlossenen Flasche können Sie ihn auch einige Tage im Kühlschrank aufbewahren.

2. Zubereitung der Cocktail-Lösung 240 ml Läuterzucker zusammen mit dem Agazoon in einen Topf geben, umrühren, den Zimt und den Zitronensaft dazugeben, noch einmal umrühren und erhitzen. Den Bacardi Razz mit dem Cointreau in einem Messbecher vermischen und kurz vor Aufkochen hinzugeben. Einmal aufkochen lassen.

3. Herstellung des Sheer Cinnamons Jeweils eine der noch gefrorenen Himbeeren in jedes Förmchen setzen, sodass ihre Öffnung nach oben zeigt. Den Topf mit der Cocktail-Lösung von der Kochstelle nehmen und jeweils so viel davon in die Förmchen geben, bis diese fast gefüllt sind. Zum Gelieren für ca. 20 Min. an einen kühlen Ort stellen – im Kühlschrank geht es am schnellsten.

ANRICHTEN Die gelierten Sheer Cinnamon aus den Förmchen nehmen und auf eine Platte oder Happy Spoons setzen. Servieren Sie die Cocktails möglichst direkt nach Fertigstellung – der noch leicht angefrorene Himbeerkern ist ein hervorragender Kontrast zu der soften Cocktailhülle.

TIPP Bestreuen Sie alle Cocktails mit etwas Perlazoon GOLD, damit sie einen tollen goldschimmernden Glanz erhalten.

Schwierigkeitsgrad: erfordert etwas Übung
Vorbereitungszeit: ca. 15 Min. (zzgl. 2 Std. zum Kühlen)

Green Coconut Fruit

Zutaten für 20 Cocktails
2 Grapefruits rosé
9 gestr. Dosierlöffel Agazoon
125 ml Mangonektar
50 ml Kokoslikör
50 ml Blue Curaçao
2 EL Kokosraspeln

Zubehör
kleiner Topf
Schneebesen
Messbecher
scharfes Messer
kleine Teller

Herstellung des Green Coconut Fruit Die Grapefruits halbieren und auspressen, ohne die Schale zu zerstören. Den Saft beiseitestellen.

Agazoon-Pulver und Mangonektar in einem kleinen Topf unter ständigem Rühren aufkochen. Kokoslikör, Blue Curaçao und Kokosraspeln hinzufügen, umrühren und den Topf sofort von der Kochstelle nehmen. Die Mischung 2 Min. abkühlen lassen und dann bis zum Rand in die ausgehöhlten Grapefruits gießen. Für 2 Std. in den Kühlschrank stellen.

ANRICHTEN Wenn gut geliert, die Grapefruits mit einem scharfen Messer in Scheiben schneiden. Jeweils eine Scheibe auf einem Teller anrichten und servieren.

Den Grapefruitsaft mit etwas Zucker süßen und zum Cocktail dazu reichen.

Lychee-Tiser

Schwierigkeitsgrad: erfordert etwas Übung
Vorbereitungszeit: ca. 5 Min.
(zzgl. 1 Tag zum Ausquellen)
Zubereitungszeit: ca. 10 Min. je Cocktail

1. Vorbereitung der Celluzoon-Lösung Das Celluzoon-Pulver in 100 ml heißem Leitungswasser vollständig lösen und in eine Schale geben (siehe Anleitung auf Seite 18). Für mind. 4 Std., besser über Nacht, in den Kühlschrank stellen, um Luftblasen entweichen zu lassen.

2. Zubereitung des Litschi-Minz-Schaumes Litschisaft, Crème de Menthe und 40 ml Celluzoon-Lösung in einem Messbecher mit dem elektrischen Rührstab aufschäumen.

ANRICHTEN Im Shaker für jeweils drei Cocktails 120 ml Wodka, 60 ml Litschilikör und 9 Tropfen Orange Flower Water mit 6–8 Eiswürfeln mixen und in eine Cocktailschale abseihen. Mit einem Löffel die oberste Schicht des Litschi-Minz-Schaumes abnehmen und auf dem Cocktail platzieren. Mit Minzblättern garnieren. Alternativ in einem Shotglas servieren.

Zutaten für 12 Cocktails

6 gestr. Dosierlöffel Celluzoon

330 ml Litschisaft
30 ml Crème de Menthe grün

480 ml Wodka
240 ml Litschilikör
45 Tropfen Orange Flower Water
(alternativ: Orangen-Aroma)
25–35 Eiswürfel
15 Minzblätter

Zubehör

Messbecher
elektrischer Rührstab
Schale
Jigger (20–40 ml)
Shaker und Strainer (Abseiher)
Cocktailschalen

Schwierigkeitsgrad: erfordert etwas Übung
Vorbereitungszeit: ca. 10 Min. (zzgl. 1 Tag zum Ausquellen)
Zubereitungszeit: ca. 10 Min.

Wodka-Energy-Shooter

Zutaten für 10 Shooter

6 gestr. Dosierlöffel Celluzoon

180 ml Energy-Drink
100 ml Wodka

Zubehör

Messbecher
elektrischer Rührstab
Jigger (20–40 ml)
Sahnesiphon mit 2 Patronen
Shot- oder Reagenzgläser

1. Vorbereitung der Celluzoon-Lösung Das Celluzoon-Pulver in 100 ml heißem Leitungswasser vollständig lösen und in eine Schale geben (siehe Anleitung auf Seite 18). Für mind. 4 Std., besser über Nacht, in den Kühlschrank stellen, um Luftblasen entweichen zu lassen.

2. Herstellung der Energy-Espuma Energy-Drink in einem hohen Gefäß (Messbecher) mit einem elektrischen Rührstab rühren, bis die Kohlensäure vollständig entwichen ist. 20 ml der Celluzoon-Lösung dazugeben und nochmals verrühren. Die Mischung in einen Sahnesiphon füllen, fest verschließen und mit zwei Patronen beladen. Gut schütteln und kalt stellen.

ANRICHTEN 10 ml Wodka in jedes Shotglas gießen, Espuma direkt daraufsprühen und servieren. Alternativ in Reagenzgläsern servieren.

TIPP Es können auch andere Spirituosen oder Liköre anstatt des Wodkas benutzt werden.

Schwierigkeitsgrad: erfordert etwas Übung
Vorbereitungszeit: ca. 15 Min.
(zzgl. 2 Std. zum Kühlen)

Gin Tonic

Zutaten für 10 Happy Spoons
5 gestr. Dosierlöffel Agazoon
175 ml Tonic
50 ml Gin

Schale von 1 unbehandelten Limette
Knistazoon als Finish

Zubehör
kleiner Topf
Schneebesen
Eiswürfelformen
Happy Spoons
Microplane-Reibe

Herstellung des Gin-Tonic-Gelees Agazoon-Pulver und Tonic in einem kleinen Topf unter ständigem Rühren kurz aufkochen. Gin hinzufügen und den Topf sofort von der Kochstelle nehmen. 2 Min. abkühlen lassen und dann in die Eiswürfelformen gießen und zum Auskühlen und Gelieren ca. 2 Std. in den Kühlschrank stellen.

ANRICHTEN Die festen Gelees aus der Form nehmen und auf Happy Spoons platzieren. Etwas Limettenschale frisch darüberreiben, mit Knistazoon bestreuen und sofort servieren.

TIPP Eiswürfelformen am besten erst mit Fettspray einsprühen, um ein Verkleben zu vermeiden.

Djakarta Kiss

Schwierigkeitsgrad: eine kleine Herausforderung für Ambitionierte
Vorbereitungszeit: ca. 10 Min. (zzgl. 1 Tag zum Ausquellen)
Zubereitungszeit: ca. 10 Min.

Zutaten für 10 Spoon-Cocktails

60 ml Bananennektar
4 gestr. Dosierlöffel Calazoon
10 ml Kokoslikör
10 ml Amarettolikör
10 ml grüner Bananenlikör
10 ml Sahne

6 gestr. Dosierlöffel Algizoon
500 ml stilles, calciumarmes Mineralwasser

Kokosraspeln zum Garnieren

Zubehör

Messbecher
elektrischer Rührstab
3 tiefe Schalen
Drop-Löffel
Sieblöffel
Happy Spoons

1. Vorbereitung der Djakarta-Kiss-Lösung In einem Messbecher den Bananennektar und das Calazoon-Pulver vorsichtig mit einem elektrischen Rührstab vermischen. Erst wenn das Calazoon vollständig aufgelöst ist, Kokos-, Amaretto- und Bananenlikör sowie die Sahne dazugeben. Erneut verrühren und zum Entweichen der Luftbläschen mind. 6 Std., besser über Nacht, im Kühlschrank ausquellen lassen.

2. Vorbereitung des Algizoon-Bades Das Algizoon-Pulver mit einem elektrischen Rührstab im Mineralwasser vollständig auflösen. Zum Entweichen der Luftbläschen in eine Schale umfüllen und für mind. 2 Std., besser über Nacht, im Kühlschrank ausquellen lassen.

3. Herstellung des Djakarta-Kiss-Drops Die Djakarta-Kiss-Lösung mit dem Drop-Löffel in das vorbereitete Algizoon-Bad geben, sodass große, runde Drops entstehen. Nach etwa 1 Min. mit einem Sieblöffel herausnehmen und in einer tiefen Schale mit klarem Wasser spülen. Anschließend auf Küchenpapier abtropfen lassen. Den Drop vorsichtig in eine Schale mit den Kokosraspeln geben und komplett ummanteln.

ANRICHTEN Jeweils einen Drop auf einen Happy Spoon platzieren und servieren.

Bitte beachten: Da nicht alle Säfte, Sirupe und Liköre verschiedener Marken und Hersteller die gleichen Inhaltsstoffe, Säuregrade und Qualität haben, könnte dies die Wirksamkeit des Algizoons beeinträchtigen. Für diesen Cocktail sind Säfte von Granini, Sirupe von Monin und Liköre von Wenneker benutzt worden. Zur Stabilisierung können Sie zusätzlich den Texturgeber Xanthazoon verwenden (siehe Seite 27).

Party Special

Schwierigkeitsgrad: erfordert etwas Übung
Vorbereitungszeit: ca. 15 Min.
(zzgl. 1 Tag zum Ausquellen)
Zubereitungszeit: ca. 10 Min

1. **Vorbereitung der Grenadine-Cranberry-Lösung** Algizoon-Pulver, Cranberrysaft und Grenadine in einem hohen Gefäß (Messbecher) mit einem elektrischen Rührstab verrühren, bis sich das Pulver vollständig aufgelöst hat. Zum Entweichen der Luftbläschen die Lösung mind. 6 Std., besser über Nacht, im Kühlschrank ausquellen lassen.

2. **Vorbereitung der Celluzoon-Lösung** Das Celluzoon-Pulver in 100 ml heißem Leitungswasser vollständig lösen und in eine Schale geben (siehe Anleitung auf Seite 18). Für mind. 4 Std., besser über Nacht, in den Kühlschrank stellen, um die Luftblasen entweichen zu lassen.

3. **Herstellung der Wassermelonen-Apfel-Espuma** Wassermelonenlikör, Apfelsaft und 20 ml der Celluzoon-Lösung in einem Messbecher verrühren. Die Mischung in einen Sahnesiphon füllen, fest verschließen und mit zwei Patronen beladen. Gut schütteln und kalt stellen.

4. **Vorbereitung des Calazoon-Bades** 130 ml Leitungswasser in ein hohes Gefäß (Messbecher) geben. 4 gestr. Dosierlöffel Calazoon mithilfe eines elektrischen Rührstabes vollständig darin auflösen und die Lösung dann in eine Schale füllen.

5. **Herstellung des Grenadine-Cranberry-Kaviars** Die vorbereitete Lösung aus Schritt 1 mithilfe einer Spritze in das Calazoon-Bad tropfen. Die Perlen nach etwa 20 Sek. mit dem Sieblöffel herausnehmen und in einer Schale mit klarem Wasser spülen (siehe Anleitung auf Seite 22).

ANRICHTEN 90 ml Champagner in ein Champagnerglas gießen. Espuma aufsprühen, die Kaviarperlen daraufplatzieren und servieren. Statt Champagner kann man natürlich auch Sekt oder Prosecco nehmen.

Bitte beachten: Da nicht alle Säfte, Sirupe und Liköre verschiedener Marken und Hersteller die gleichen Inhaltsstoffe, haben, könnte dies die Wirksamkeit des Algizoons beeinträchtigen. Es sind Säfte von Granini, Sirupe von Monin und Liköre von Wenneker benutzt worden. (Tipps zum Stabilisieren siehe Seite 27).

Zutaten für 4 Cocktails
4 gestr. Dosierlöffel Algizoon
125 ml Cranberrysaft
75 ml Grenadine

6 gestr. Dosierlöffel Celluzoon

50 ml Wassermelonenlikör
130 ml Apfelsaft
4 gestr. Dosierlöffel Calazoon
360 ml Champagner

Zubehör
Messbecher
elektrischer Rührstab
2 tiefe Schalen
Sahnesiphon mit 2 Patronen
Pipette oder Spritzer
Sieblöffel
Champagnergläser

Schwierigkeitsgrad: macht auch Ungeübten keine Probleme
Vorbereitungszeit: ca. 10 Min. (zzgl. 1 Tag zum Ausquellen)
Zubereitungszeit: ca. 10 Min.

Sex on the Beach

Zutaten für 4 Cocktails
2 gestr. Dosierlöffel Algizoon
25 ml Pfirsichlikör
75 ml Cranberrysaft

4 gestr. Dosierlöffel Calazoon

80 ml Wodka
200 ml Ananassaft
Eiswürfel

Zubehör
Messbecher
elektrischer Rührstab
Spritze oder Drop-Löffel
Rührglas mit Barlöffel
Sieblöffel
Cocktailschalen

1. Vorbereitung der Pfirsich-Cranberry-Lösung Algizoon-Pulver in Pfirsichlikör und Cranberrysaft mit einem elektrischen Rührstab vermischen, bis das Pulver vollständig aufgelöst ist. Zum Entweichen der Luftbläschen die Lösung mind. 6 Std., besser über Nacht, im Kühlschrank ausquellen lassen.

2. Vorbereitung des Calazoon-Bades Das Calazoon-Pulver in 130 ml Leitungswasser verrühren, bis es sich vollständig aufgelöst hat (siehe Anleitung auf Seite 22).

3. Herstellung der Pfirsich-Cranberry-Drops Die Pfirsich-Cranberry-Lösung aus Schritt 1 entweder mit dem Drop-Löffel, sodass große, runde Drops entstehen, oder mit der Spritze, sodass kleine Kaviarperlen entstehen, in das vorbereitete Calazoon-Bad geben (siehe Anleitung auf Seite 22). Die Kaviarperlen nach etwa 20 Sek., die Drops nach etwa 1 Min. mit einem Sieblöffel herausnehmen und in einer tiefen Schale mit kaltem Wasser abspülen. Danach kurz auf Küchenpapier abtropfen lassen.

ANRICHTEN Wodka und Ananassaft mit sechs Eiswürfeln in einem Rührglas verrühren und in vier Cocktailschalen abseihen. Entweder je drei Drops oder 1–2 EL Perlen in den Cocktail geben und servieren.

Bitte beachten: Da nicht alle Säfte, Sirupe und Liköre verschiedener Marken und Hersteller die gleichen Inhaltsstoffe, Säuregrade und Qualität haben, könnte dies die Wirksamkeit des Algizoons beeinträchtigen. Für diesen Cocktail sind Säfte von Granini, Sirupe von Monin und Liköre von Wenneker benutzt worden. Zur Stabilisierung können Sie zusätzlich den Texturgeber Xanthazoon verwenden (siehe Seite 27).

Schwierigkeitsgrad: macht auch Ungeübten keine Probleme
Vorbereitungszeit: ca. 10 Min. (zzgl. 1 Tag zum Ausquellen)
Zubereitungszeit: ca. 10 Min.

Sex on the Beach Spoon Cocktail

Zutaten für 4 Cocktails

3 gestr. Dosierlöffel Algizoon
20 ml Pfirsichlikör
60 ml Cranberrysaft

4 gestr. Dosierlöffel Calazoon

6 gestr. Dosierlöffel Celluzoon

60 ml Wodka
120 ml Ananassaft

Zubehör

Messbecher
elektrischer Rührstab
Spritze oder Drop-Löffel
Sieblöffel
Sahnesiphon mit 2 Patronen
Happy Spoons

1.–3. Siehe Anleitung der Schritte 1.–3. bei »Sex on the Beach« (Seite 46).

4. Herstellung der Celluzoon-Lösung Das Celluzoon-Pulver in 100 ml heißem Leitungswasser vollständig lösen und in eine Schale geben (siehe Anleitung auf Seite 18). Für mind. 4 Std., besser über Nacht, in den Kühlschrank stellen, um Luftblasen entweichen zu lassen.

5. Herstellung der Wodka-Ananas-Espuma Wodka, Ananassaft und 20 ml Celluzoon-Lösung in einem Messbecher klümpchenfrei verrühren. In den Sahnesiphon füllen, fest verschließen und mit zwei Patronen beladen. Gut schütteln und kalt stellen.

ANRICHTEN Die Espuma direkt auf die Happy Spoons sprühen. Entweder einen Pfirsich-Cranberry-Drop oder 1 EL Pfirsich-Cranberry-Kaviar jeweils in die Mitte des Schaums geben.

Bitte beachten: Da nicht alle Säfte, Sirupe und Liköre verschiedener Marken und Hersteller die gleichen Inhaltsstoffe, Säuregrade und Qualität haben, könnte dies die Wirksamkeit des Algizoons beeinträchtigen. Für diesen Cocktail sind Säfte von Granini, Sirupe von Monin und Liköre von Wenneker benutzt worden. Zur Stabilisierung können Sie zusätzlich den Texturgeber Xanthazoon verwenden (siehe Seite 27).

Fingerfood Cheese Sticks | Bananenweizen mit Weißwurstchip | Karottenkaviar auf Frischkäsecracker | Cheesy Foam | Canapé Hawaii | Ziegenkäsecreme in Knäckerolle | Schinkenkörbchen mit Melonenkaviar und Rucolaluft | Molekularer Burger | Latte-Macchiato-Karamell-Praline | Toffee-Drops | Wassermelonenkaviar mit Limoncello-Espuma | Galliano Hot Shot |

Finger-food

Mundgerechte Häppchen sind der Renner auf jeder Party. Diese hier sind zudem noch gut vorzubereiten und geschmacklich so außergewöhnlich aufregend, dass Sie sich um Reste keine Sorgen machen müssen. Wir verpassen nicht nur Klassikern ein neues Gewand, sondern machen aus Karotten Kaviar, verhelfen dem Burger zu einem molekularen Selbst oder servieren die Weißwurst mal als Chip zu einem Bananenweizenshooter. Na dann: O'zapft is!

Fingerfood Cheese Sticks

Schwierigkeitsgrad: macht Ungeübten keine Probleme
Vorbereitungszeit: ca. 10 Min. (zzgl. 1 Tag zum Kühlen)
Zubereitungszeit: ca. 50 Min.

Zutaten für 60 Sticks (20 pro Sorte)

6 gestr. Dosierlöffel Celluzoon

200 g Parmesan am Stück
200 g Emmentaler am Stück
200 g mittelalter Gouda, am Stück

140 ml Pfirsichsaft
4 gestr. Dosierlöffel Agazoon
20 ml brauner Rum

250 g kernlose Trauben
160 ml weißer Traubensaft
4 gestr. Dosierlöffel Agazoon

180 ml Mandarinensaft
Zucker

Zubehör

Messbecher
Sticks
Topf
Schneebesen
quadratische Form
Backpapier
elektrischer Rührstab

---

1. Vorbereitung der Celluzoon-Lösung Das Celluzoon-Pulver in 100 ml heißem Leitungswasser vollständig lösen und in eine Schale geben (siehe Anleitung auf Seite 18). Für mind. 4 Std., besser über Nacht, in den Kühlschrank stellen, um Luftblasen entweichen zu lassen.

2. Vorbereitung der Käsewürfel Alle Käsesorten in gleich große Würfel schneiden. Die Parmesan- und Emmentalerwürfel können bereits auf die Sticks gesteckt werden.

3. Herstellung der Parmesan-Pfirsich-Sticks Den Pfirsichsaft zusammen mit dem Agazoon in einen Topf geben und alles unter Rühren aufkochen. Den Rum hinzufügen, noch einmal verrühren und den Topf von der Herdplatte nehmen. Jeweils einen Parmesan-Stick durch die Pfirsich-Rum-Masse ziehen, zum Trocknen auf Backpapier stellen. Durch das Abkühlen entsteht ein fester Mantel.

4. Herstellung der Gouda-Trauben-Sticks Die Trauben waschen und halbieren, wenn sie zu groß sind. In einem kleinen Topf den Traubensaft mit dem Agazoon unter Rühren aufkochen und dann in quadratische Förmchen, die in etwa der Größe des Käsewürfels entsprechen, füllen. Geben Sie in jeden Traubensaftwürfel eine Traube mittig hinein. Abkühlen lassen, die Trauben-Gelee-Würfel aus den Förmchen nehmen und mit den Goudawürfeln auf je einen Stick stecken.

5. Herstellung der Emmentaler-Mandarinen-Sticks Den Mandarinensaft zusammen mit 20 ml der vorbereiteten Celluzoon-Lösung in ein hohes Gefäß geben. Mit dem elektrischen Rührstab aufschäumen und jeweils 1 EL des Schaums auf einen der vorbereiteten Emmentaler-Sticks geben.

ANRICHTEN Am schönsten kommen die Sticks zur Geltung, wenn von jeder Sorte ein Stick auf einen Teller platziert wird.

Schwierigkeitsgrad: macht Ungeübten keine Probleme
Zubereitungszeit: ca. 30 Min. (zzgl. 5 Std. zum Trocknen und Kühlen)

Bananenweizen mit Weißwurstchip

Zutaten für 10 Gläser
200 ml Hefe-Weißbier, eiskalt
2 gestr. Dosierlöffel Iotazoon

150 ml Bananennektar
3 gestr. Dosierlöffel Iotazoon

2 Weißwürste

Zubehör
2 Töpfe
Schneebesen
Sahnesiphon mit 1 Patrone
kleine Gläser
Trinkhalme

1. Herstellung des Weißbiergelees 50 ml Weißbier mit 2 gestr. Dosierlöffeln Iotazoon vorsichtig zum Kochen bringen, dann das restliche, eiskalte Bier vorsichtig untermischen, dabei nicht zu stark rühren, sodass noch Kohlensäure erhalten bleibt. Etwas abkühlen lassen und dann je 3 cl in kleine Gläser füllen. Die Gläser sollten zu drei Vierteln gefüllt sein. Im Kühlschrank für mind. 3 Std. kalt stellen.

2. Herstellung des Bananenschaums Den Bananennektar mit 3 gestr. Dosierlöffeln Iotazoon aufkochen und noch heiß durch ein Sieb in den Siphon füllen. Patrone eindrehen und ebenfalls kalt stellen.

3. Herstellung der Weißwurstchips Die Weißwürste längs in hauchdünne Scheiben schneiden (ggf. mit einer Aufschnittmaschine) und auf Backpapier oder einer Silikonmatte bei 80 °C im Ofen ca. 2 Std. trocknen, bis sie leicht knusprig sind. Auf Küchenpapier abtrocknen.

ANRICHTEN Die Gläser mit dem Bananenschaum auffüllen, in jedes Glas einen kleinen Trinkhalm und einen Weißwurstchip geben. Alles in einem Schluck genießen. O'zapft is!

Schwierigkeitsgrad: macht Ungeübten keine Probleme
Vorbereitungszeit: ca. 15 Min. (zzgl. 1 Tag zum Kühlen)
Zubereitungszeit: ca. 20 Min.

Karottenkaviar auf Frischkäsecracker

Zutaten für 20 Cracker
3 gestr. Dosierlöffel Algizoon
250 ml stilles, calciumarmes Mineralwasser

4 gestr. Dosierlöffel Calazoon

120 ml Karottensaft (möglichst ohne weitere Zusätze)

20 Cracker
1 Packung Frischkäse
schwarzes Salz zum Garnieren

Zubehör
Messbecher
elektrischer Rührstab
Schale
Pipette oder Spritze
Sieblöffel

1. **Vorbereitung der Algizoon-Lösung** Algizoon-Pulver im calciumarmen, stillen Mineralwasser in einem hohen Gefäß mithilfe eines elektrischen Rührstabs vollständig auflösen (siehe Anleitung auf Seite 22). Für mind. 2 Std., besser über Nacht, in den Kühlschrank stellen, damit die Luftblasen entweichen können und eine klare Lösung entsteht, ähnlich der Konsistenz von flüssigem Honig.

2. **Vorbereitung des Calazoon-Bades** Das Calazoon-Pulver in 130 ml Leitungswasser vollständig auflösen und in eine Schale geben (siehe Anleitung auf Seite 22).

3. **Herstellen des Karottenkaviars** Die in Schritt 1 hergestellte Algizoon-Lösung mit dem Karottensaft im Verhältnis 1:1 (z. B. 50 ml der Algizoon-Lösung mit 50 ml Karottensaft) vermischen. Die so hergestellte Lösung mithilfe einer Pipette oder Spritze in das in Schritt 2 vorbereitete Calazoon-Bad tropfen. Kleine Karottenperlen (Kaviar) entstehen. Den Kaviar nach 30 Sek. mithilfe des Sieblöffels aus der Flüssigkeit schöpfen und gut abtropfen lassen.

ANRICHTEN Den Karottenkaviar auf die mit Frischkäse bestrichenen Cracker geben und mit etwas schwarzem Salz garnieren.

Schwierigkeitsgrad: macht Ungeübten keine Probleme
Zubereitungszeit: ca. 10 Min. (zzgl. 5–10 Min. zum Kühlen)

Cheesy Foam

Zutaten für 40 Cracker
200 ml Sahne
100 ml Milch
5 Scheiben Chester-Käse
1 Prise Salz
6 gestr. Dosierlöffel Iotazoon
40 Cracker

Zubehör
kleiner Topf
Schneebesen
Sahnesiphon mit 2 Patronen
Messbecher

Zubereitung des Käseschaums Die Sahne zusammen mit der Milch in einen Topf geben und bei mittlerer Hitze zum Kochen bringen. Dann die Chesterscheiben unter ständigem Rühren nach und nach hinzugeben, sodass sie sich in der heißen Mischung auflösen. Nach Belieben mit etwas Salz würzen. Nun auch das Iotazoon hinzugeben, gut umrühren, einmal aufkochen lassen und in den Sahnesiphon füllen. Verschließen, zwei Patronen eindrehen und gut schütteln. Zum Abkühlen in einen Messbecher mit kaltem Wasser stellen, nach 5–10 Min. kann der Käseschaum serviert werden, ist er noch zu flüssig, weiter abkühlen lassen.

ANRICHTEN Den Cheesy Foam auf die Cracker sprühen. Sind diese sehr salzig, sollte der Mischung beim Zubereiten kein weiteres Salz hinzugefügt werden. In einem dekorativen Gefäß eignet er sich auch als luftiger Dip für andere Snacks.

Schwierigkeitsgrad: erfordert etwas Übung
Zubereitungszeit: ca. 35 Min. (zzgl. Zeit zum Trocknen des Schinkens und 20 Min. zum Abkühlen)

Canapé Hawaii

Zutaten für ca. 20 Canapés

200 g magerer, mild geräucherter Schinken

300 ml Kalbsfond
6 gestr. Dosierlöffel Iotazoon
1 gestr. Dosierlöffel Calazoon
100 g Leerdammer-Käse

5 Scheiben Weißbrot
1 Fl. Butterschmalz

1 Ananas

Zubehör
Mörser
Topf
Schneebesen
Sahnesiphon und 1 Patrone
beschichtete Pfanne
Ausstechringe

1. Vorbereitung des Schinkens Den Schinken bei 180 °C im Ofen backen, bis er trocken und knusprig ist. Abkühlen lassen und im Mörser grob zerkleinern. Falls Sie keinen Mörser zur Hand haben, können Sie den getrockneten Schinken auch in einen Gefrierbeutel geben, verschließen und dann z. B. mit einem Nudelholz zerkleinern.

2. Herstellung des Käseschaums Den Kalbsfond mit dem Iotazoon und Calazoon mischen und unter Rühren aufkochen. Zwischenzeitlich den Käse fein reiben. Die Kalbsfondmischung vom Herd nehmen und den Käse einrühren. In einen Siphon geben, Patrone eindrehen und ca. 20 Min. in ein 50 °C warmes Wasserbad stellen. Wenn der Schaum dann noch nicht stabil ist, weiter abkühlen.

3. Vorbereitung des Weißbrots Die Weißbrotscheiben in etwas Butterschmalz in einer beschichteten Pfanne goldbraun braten.

4. Vorbereitung der Ananas Die Ananas in etwa 3 mm dicke Scheiben schneiden und in einer beschichteten Pfanne ohne Fett braten (evtl. beschweren, damit sie eben liegen), bis sie karamellisieren.

ANRICHTEN Mit einem runden Ausstecher vier kleine Kreise pro Weißbrot- und Ananasscheiben ausstechen (Strunk nicht mit ausstechen). Diese kleinen Ananasscheiben auf die Brotscheiben legen, mit Käseschaum nappieren und mit Schinkenbröseln bestreuen. Warm servieren.

Ziegenkäse-creme in Knäckerolle

Schwierigkeitsgrad: erfordert etwas Übung
Zubereitungszeit: ca. 45 Min. (zzgl. 7–8 Std. zum Quellen, Backen, Kühlen und Trocknen)

Zutaten für 10 Rollen

125 g Mehl
125 g Haferflocken
3 EL Olivenöl
1 EL Salz
1 TL getrocknete Kräuter
4 EL Körner (Sesam, Kürbiskern, Sonnenblumen etc.)

200 g Ziegenmilch
2 Zweige Rosmarin
5 gestr. Dosierlöffel Iotazoon
150 g Ziegenfrischkäse

500 g Cocktailtomaten
150 ml Olivenöl
20 ml weißer Balsamico

1 kl. Glas Feigensenf
1 Glas Rotweinschalotten

Zubehör

Schüssel
Backpapier
Ausstechringe
Sahnerollen
Topf
Schneebesen
Sieb
Siphon mit 1 Patrone

---

1. Herstellung der Knäckerolle Mehl, Haferflocken, Olivenöl, Salz, Kräuter und Körner mit 500 ml Wasser vermengen und 2 Std. aufquellen lassen (die Körner ggf. hacken).

Die Masse dann sehr dünn auf Backpapier streichen und im Backofen bei 150 °C ca. 15 Min. backen. Anschließend mit dem Backpapier rund ausstechen und um Sahnerollen (Bezugsquellenverzeichnis Seite 115) legen. Bei 100 °C etwa 30 Min. weiterbacken, bis die Rollen knusprig sind.

2. Herstellung der Ziegenkäsecreme Die Ziegenmilch mit dem Rosmarin in einem kleinen Topf erwärmen und 30 Min. ziehen lassen. Das Iotazoon unter ständigem Rühren zugeben und aufkochen. Danach den Ziegenfrischkäse unterrühren und durch ein Sieb in den Siphon füllen. Patrone eindrehen und für 3 Std. kalt stellen.

3. Herstellung der getrockneten Tomaten Die Cocktailtomaten halbieren und einige Stunden im Ofen bei 70 °C trocknen. Sie sollten noch etwas weich und nicht komplett getrocknet sein. Die Tomaten in Olivenöl und etwas weißem Balsamico einlegen.

ANRICHTEN Die Ziegencreme in die Knäckerollen sprühen. Die eingelegten Tomaten, den Feigensenf und die Rotweinschalotten daraufgeben. Auf Frisée-Salat anrichten.

Schwierigkeitsgrad: erfordert etwas Übung
Vorbereitungszeit: ca. 30 Min. (zzgl. 1 Tag zum Kühlen)
Zubereitungszeit: ca. 15 Min.

Schinkenkörbchen mit Melonenkaviar und Rucolaluft

Zutaten für 20 Körbchen

20 Scheiben Serranoschinken, hauchdünn geschnitten
Frittierfett

1 Galiamelone
8 gestr. Dosierlöffel Algizoon

100 g Rucola
1 Prise Ascorbinsäure (Vitamin C)
2 g Sojalecithin (Apotheke)

4 gestr. Dosierlöffel Calazoon

Zubehör

2 kleine Metallsiebe/Espressotassen
Superbag/sehr feines Sieb
elektrischer Rührstab
Pipette oder Spritze
Messbecher
Schale
Sieblöffel

1. Herstellung der Schinkenkörbchen Serranoschinken zwischen zwei Metallsieben im heißen Fett zu kleinen Körbchen ausbacken. Auf Küchenpapier abtropfen lassen. Alternativ den Schinken über kleinen Espressotassen (umgedreht) im Ofen bei 150 °C knusprig backen.

2. Vorbereitung der Algizoon-Lösung Die Melone schälen, in Stücke schneiden und mithilfe des elektrischen Rührstabes pürieren. Das Püree durch einen Superbag oder ein sehr feines Sieb filtern und den Saft auffangen. 300 ml dieses Saftes abmessen. Das Algizoon in 100 ml Saft klümpchenfrei verrühren, dann den restlichen Saft hinzufügen, durch ein Sieb streichen und in eine Pipette oder ein Sieb füllen. Für mind. 2 Std., besser über Nacht, kalt stellen.

3. Herstellung der Rucolaluft Den Rucola blanchieren und in mit 1 Prise Ascorbinsäure versetztem Eiswasser abkühlen lassen. Mit 100 ml von dem Eiswasser pürieren, durch einen Superbag oder ein sehr feines Sieb filtern und salzen. 150 ml Rucolasaft mit dem Sojalecithin (alternativ 3 gestr. Dosierlöffel Emulzoon) mischen. An der Oberfläche emulgieren, bis sich Luft bildet. 1 Min. stabilisieren lassen.

4. Vorbereitung des Calazoon-Bades 4 gestr. Dosierlöffel Calazoon mit 130 ml Leitungswasser in ein hohes Gefäß (z. B. Messbecher) geben. Mithilfe des elektrischen Rührstabes vollständig auflösen und die Lösung dann in eine kleine Schale geben.

5. Herstellung des Melonenkaviars Die in Schritt 2 vorbereitete, gekühlte Lösung aus der Tropfflasche in das Calazoon-Bad tropfen (siehe Anleitung Seite 22). Die kleinen Kaviarperlen nach ca. 1 Min. mit dem Sieblöffel entnehmen. Unter klarem Wasser abspülen und abtropfen lassen.

ANRICHTEN Den Melonenkaviar in den Schinkenkörbchen anrichten und mit Rucolaluft garniert servieren.

Schwierigkeitsgrad: erfordert etwas Übung
Vorbereitungszeit: ca. 15 Min. (zzgl. 1 Tag zum Kühlen)
Zubereitungszeit: ca. 50 Min.

Molekularer Burger

Zutaten für 10 Burger
4 gestr. Dosierlöffel Algizoon
120 ml stilles, calciumarmes Mineralwasser

4 gestr. Dosierlöffel Calazoon

100 g Gurkensticks
3 EL Zucker
1 kleine Zwiebel, fein geschnitten
1 TL dunkler Balsamico
1 gestr. Dosierlöffel Agazoon
Salz, Pfeffer

100 ml Ketchup

200 ml Sahne
4 TL Senf
1 TL gekörnte Rinderbrühe
4 gestr. Dosierlöffel Iotazoon

2 Hot-Dog-Brötchen
Chester-Käse

500 g Rinderfilet
Salz, Pfeffer

Zubehör
(siehe nächste Seite)

1. Vorbereitung der Algizoon- und Calazoon-Lösungen In einem hohen Gefäß das Algizoon-Pulver mit dem elektrischen Rührstab in das calciumarme Mineralwasser einrühren und vollständig auflösen. Diese Stammlösung mind. für 2 Std., besser über Nacht, in den Kühlschrank stellen, damit die Luftblasen entweichen und eine klare Lösung entsteht, ähnlich der Konsistenz eines flüssigen Honigs. Zur Herstellung des Calazoon-Bades das Calazoon-Pulver in 130 ml Leitungswasser vollständig lösen und in eine Schale geben (siehe Anleitung auf Seite 22).

2. Herstellung des Gurkenrelishs Die Gurkensticks in feine Streifen schneiden und in einen kleinen Topf geben. 5 EL des Gurkenwassers sowie den Zucker, die Zwiebel und den Balsamico hinzugeben. Bei mittlerer Hitze langsam erwärmen, dann das Agazoon-Pulver hinzufügen und einmal kurz aufkochen lassen. Währenddessen immer umrühren. Zum Abschluss nach Geschmack salzen und pfeffern. Beiseitestellen.

3. Herstellung der Ketchup-Drops Aus dem Ketchup und der Algizoon-Stammlösung eine Lösung im Verhältnis 1:1 herstellen. Gut durchrühren und mittels einer Spritze oder einer Pipette aufziehen. Das Calazoon-Bad bereitstellen und je nach Belieben kleine Perlen in das Bad eintropfen oder mittels eines Löffels große Drops herstellen (siehe Anleitung auf Seite 22). Die Perlen sind nach 30 Sek., die großen Drops nach ca. 1 Min. fertig. Die fertigen Perlen oder Drops in etwas Ketchup legen und beiseitestellen.

Zubehör

Schneebesen
Schüsseln
hohes Gefäß
elektrischer Rührstab
kleiner Messbecher
Spritze oder Pipette
Sahnesiphon und 2 Patronen
2 kleine Töpfe
Pfanne
kleine Schüssel

4. Herstellung des Senf-Schaums In einem kleinen Topf die Sahne mit dem Senf, etwas Salz, der Brühe und 4 gestr. Dosierlöffeln lotazoon unter Rühren aufkochen und sofort in einen Sahnesiphon geben. Zuschrauben und mit zwei Patronen befüllen. Gut schütteln und in einem mit kaltem Wasser gefüllten Messbecher kalt stellen.

5. Vorbereitung der Hot-Dog-Brötchen Die Hot-Dog-Brötchen jeweils in vier gleich große Teile schneiden. Nach Belieben noch einmal in der Mitte teilen und in einer mit Butter ausgelassenen, heißen Pfanne kurz an den Schnittkanten kross anbraten. Noch heiß auf einen Teller geben und auf die Hälfte der Brötchen den in Streifen geschnittenen Chester geben, sodass er anfängt zu schmelzen. Teller beiseitestellen.

6. Zubereitung des Filets Das Filet in ca. 3 cm dicke Scheiben schneiden und diese dann noch einmal vierteln. Scharf anbraten und nach Belieben mit Salz und Pfeffer würzen.

ANRICHTEN Das angebratene Filet neben das Käse-Hot-Dog-Brötchen auf den Teller setzen. Die Ketchup-Drops aus dem Ketchup nehmen, in eine kleine Schüssel mit Wasser legen und für 25 Sek. in der Mikrowelle (900 Watt) erwärmen. In der Zwischenzeit je 1 EL Gurkenrelish neben das Filet geben und etwas Senfschaum danebensprühen. Die warmen Drops zwischen dem Gurkenrelish und dem Senfschaum platzieren und schnell servieren.

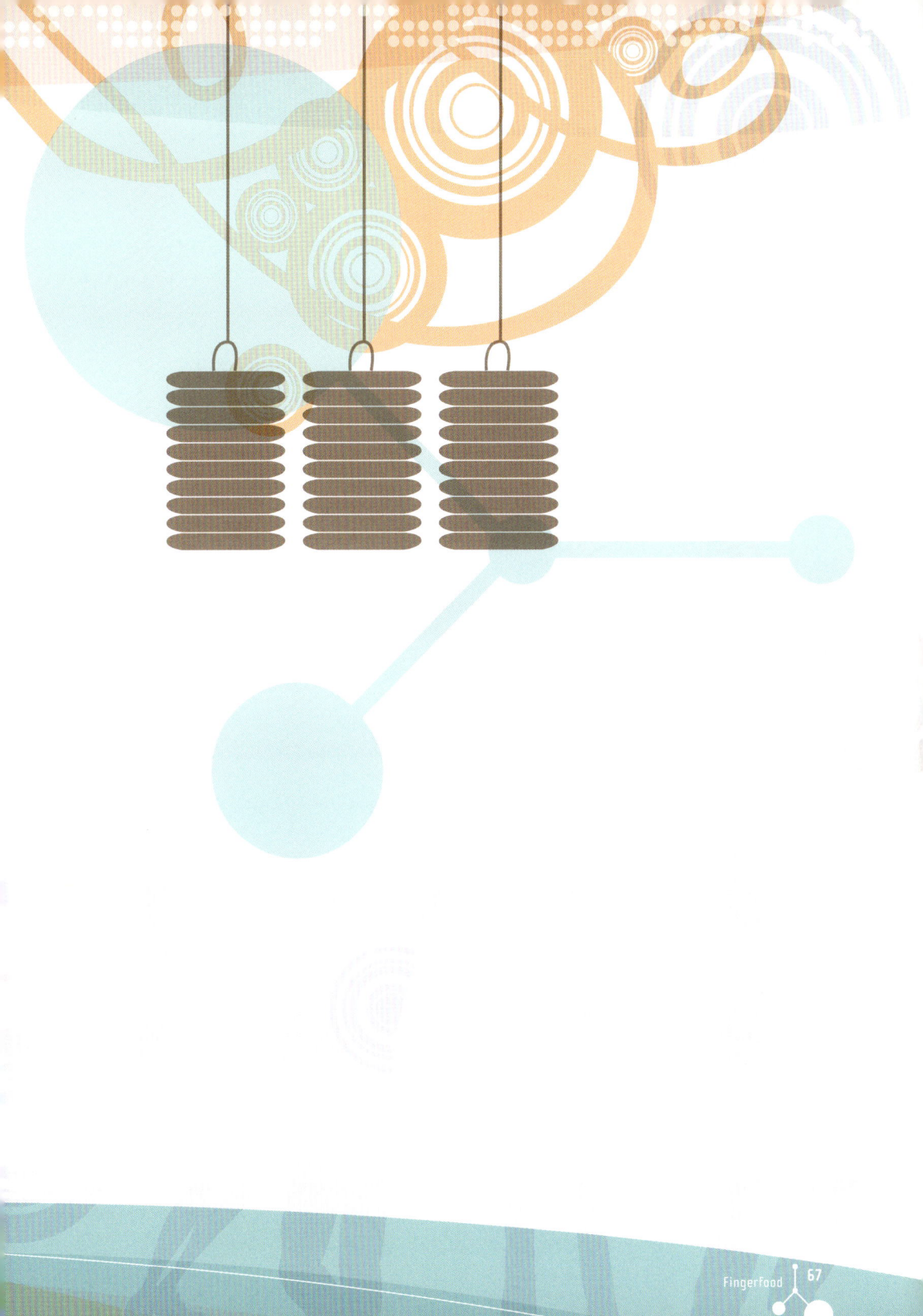

Schwierigkeitsgrad: macht Ungeübten keine Probleme
Zubereitungszeit: ca. 25 Min. (zzgl. 40–50 Min. zum Gelieren)

Latte-Macchiato-Karamell-Praline

Zutaten für 45 Pralinen
160 ml Kaffee
1 EL Zucker
4 gestr. Dosierlöffel Agazoon

80 ml Milch
60 ml Kaffee
4 gestr. Dosierlöffel Agazoon
20 ml Karamellsirup

160 ml Milch
4 gestr. Dosierlöffel Agazoon
1 Pck. Vanillezucker

8 EL Zucker

Zubehör
3 Töpfe
Schneebesen
Papierförmchen
Backpapier

1. Zubereitung der Kaffee-Schicht Kaffee, Zucker und Agazoon in einen Topf geben, umrühren und einmal aufkochen lassen. Die Mischung als erste Schicht auf die vorbereiteten Papierförmchen verteilen, dabei aber nicht mehr als zu einem Drittel füllen. Zum Abkühlen in den Kühlschrank stellen. Sobald die erste Schicht fest und geliert ist, mit der Zubereitung der zweiten Schicht beginnen.

2. Zubereitung der Karamell-Schicht Die Milch mit dem Kaffee, dem Agazoon und dem Karamellsirup in einen Topf geben und wie bei der Zubereitung der Kaffeeschicht verfahren. Diese zweite Schicht sollte die gleiche Dicke haben wie die erste.

3. Zubereitung der Milch-Schicht Für die letzte Schicht die Milch mit 4 gestr. Dosierlöffeln Agazoon und Vanillezucker aufkochen und wie zuvor verfahren.

4. Zubereitung des Karamells Den Zucker in eine hitzebeständige Pfanne geben und unter ständigem Rühren erhitzen, bis er sich dunkelbraun verfärbt. Das Karamell nun in kleinen Fäden auf Backpapier laufen lassen, sodass sich kleine Nester bilden. Abkühlen lassen.

ANRICHTEN Nachdem alle Schichten fest geworden sind, das Papierförmchen entfernen und die Pralinen entweder alle zusammen auf einer Platte oder einzeln auf Happy Spoons anrichten. Abschließend jeweils etwas Karamell auf die Praline geben.

TIPP Am besten stellen Sie die Papierförmchen auf einen Teller oder ein Brettchen, sodass Sie diese schnell und einfach in den Kühlschrank stellen können.

Schwierigkeitsgrad: macht Ungeübten keine Probleme
Zubereitungszeit: ca. 20 Min.

Toffee-Drops

Zutaten für 20 Drops
300 ml Sahne
25 ml Karamellsirup
8 gestr. Dosierlöffel Iotazoon
100 ml Karamelllikör
etwas Zimt

20 Moccabohnen mit Schokolade

Zubehör
Topf
Schneebesen
20 tiefe Förmchen (z. B. Herz-Eiswürfelförmchen aus Silikon)

Zubereitung der Toffee-Drops Die Sahne zusammen mit dem Sirup in einen Topf geben, umrühren und langsam erhitzen. Nun das Iotazoon unter ständigem Rühren darin auflösen und kurz vor dem Aufkochen den Likör hinzugeben. Nach Belieben etwas Zimt hinzufügen.

ANRICHTEN Die warme Mischung in die Förmchen füllen und erkalten lassen, die Drops sollten aber nicht zu fest werden. Drücken Sie dann jeweils eine Moccabohne in die Mitte, durch die Wärme wird diese etwas verflüssigt und sie erhalten einen fast flüssigen Schokoladen-Mocca-Kern.

Schwierigkeitsgrad: erfordert etwas Übung
Zubereitungszeit: ca. 20 Min. (zzgl. 1 Tag zum Kühlen)
Zubereitungszeit: ca. 10 Min.

Wassermelonenkaviar mit Limoncello-Espuma

Zutaten für 10 Portionen
1 kleine Wassermelone
8 gestr. Dosierlöffel Algizoon

300 ml Limoncello
½ Bund Estragon (davon ein paar Blätter für die Garnitur)
75 g Zucker
6 gestr. Dosierlöffel Iotazoon (kann auch durch Celluzoon ersetzt werden)
75 ml frischer Zitronensaft

4 gestr. Dosierlöffel Calazoon

Knistazoon als Finish

Zubehör
elektrischer Rührstab
Superbag / sehr feines Sieb
Schüssel
Sahnesiphon (500 ml) mit 1 Patrone
hohes Gefäß (Messbecher)
Schale
Spritze / Pipette
Sieblöffel
Martinigläser oder Dessertschälchen

1. Vorbereitung der Wassermelonen-Lösung Wassermelone in Stücke schneiden, von der Schale befreien und mit dem elektrischen Rührstab pürieren. Durch einen Superbag oder ein sehr feines Sieb geben, den Saft auffangen und 250 ml abmessen. Das Algizoon mit dem elektrischen Rührstab vollständig in 100 ml Melonensaft auflösen, dann den restlichen Saft dazugeben. In eine Spritze oder Pipette füllen und mind. 1 Std., besser über Nacht, im Kühlschrank kalt stellen.

2. Herstellung der Limoncello-Espuma Limoncello und Estragon mit dem elektrischen Rührstab fein mixen und 1 Std. ziehen lassen. Dann durch einen Superbag oder ein sehr feines Sieb geben. 75 g Zucker mit der gleichen Menge Wasser in einem kleinen Topf unter Rühren aufkochen. Das Iotazoon hinzugeben und klumpenfrei verrühren. Dann den Zitronensaft und die Limoncello-Mischung dazugeben, in den Siphon füllen und mit der Patrone laden. Für 3 Std. kalt stellen.

3. Vorbereitung des Calazoon-Bades 4 gestr. Dosierlöffel Calazoon und 130 ml Leitungswasser in ein hohes Gefäß (Messbecher) geben. Calazoon-Pulver mit einem elektrischen Rührstab vollständig auflösen und die Lösung dann in eine Schale füllen.

4. Herstellung des Wassermelonenkaviars Die in Schritt 1 vorbereitete, gekühlte Lösung aus der Spritze oder Pipette in das Calazoon-Bad tropfen (siehe Anleitung auf Seite 22). Die kleinen Kaviarperlen nach ca. 1 Min. mit dem Sieblöffel entnehmen. Unter klarem Wasser abspülen und auf Küchenpapier abtropfen lassen.

ANRICHTEN Den Kaviar in Martinigläsern oder Dessertschalen anrichten, Limoncello-Espuma aufsprühen und mit Estragonblättern und Knistazoon garnieren.

Schwierigkeitsgrad: erfordert etwas Übung
Vorbereitungszeit: ca. 20 Min. (zzgl. 1 Tag zum Kühlen)
Zubereitungszeit: ca. 10 Min.

Galliano Hot Shot

Zutaten für 10 Shots

40 g Zucker
200 ml Espresso
6 gestr. Dosierlöffel Algizoon

4 gestr. Dosierlöffel Calazoon
130 ml calciumarmes, stilles Mineralwasser

200 ml Galliano
100 ml Sahne

Zubehör

Schalen
elektrischer Rührstab
Messbecher
Drop-Löffel
Shotgläser
Sieblöffel

1. **Vorbereitung der Espresso-Lösung** Den Zucker im heißen Espresso auflösen und danach 6 gestr. Dosierlöffel Algizoon klumpenfrei einrühren. Für mind. 1 Std., besser über Nacht, kalt stellen, bis die Lösung keine Luftblasen mehr enthält.

2. **Vorbereitung des Calazoon-Bades** 4 gestr. Dosierlöffel Calazoon und 130 ml Leitungswasser in ein hohes Gefäß (Messbecher) geben. Calazoon-Pulver mit einem elektrischen Rührstab vollständig auflösen und die Lösung dann in eine Schale füllen.

3. **Herstellung der Espresso-Sphären** Jeweils 10 ml der Espresso-Lösung pro Drop mithilfe eines Drop-Löffels in das Calazoon-Bad gleiten lassen. 1 Min. darin belassen und anschließend 1 Min. in ein heißes, aber nicht kochendes Wasserbad geben, um die Sphären zu erwärmen.

ANRICHTEN In jedes Shotglas 20 ml Galliano geben und die Sahne in einem hohen Gefäß kurz anschlagen. Die warme Espresso-Sphäre mithilfe eines Sieblöffels aus dem Wasserbad nehmen, kurz auf Küchenpapier abtropfen lassen und in den Galliano geben. Sahne daraufschichten. Als Shot, also alles in einem Schluck, genießen. Die warme Espressosphäre zerplatzt im Mund und bildet einen warm-bitteren Kontrast zu dem kalt-süßlichen Galliano.

Käse-Lauch-Suppe Redesigned | Glasnudelsalat mit Garnele | Paprikamousse mit Himbeere und Grapefruitluft | Spaghetti-Carbonara-Schnecken | Tomatenconsommé mit Basilikumspaghetti | In Kokosmilch pochierter Kabeljau mit Rote Bete und Maracuja | Warmes Mousse au Chocolat in Vanillefolie | Gemischte Beeren mit Rosé-Mousseline | Jasmincreme mit Mangogelee | Brandy-Tagliatelle mit Orangensauce | Black Forest Fast Cake | Mangoflan | Apfelstrudel rekonstruiert

Dinner for one war gestern – heute serviert man molekulare Kreationen für gleich mehrere der liebsten Gäste: zartschmelzende Paprikamousse mit Himbeere und Grapefruitluft, knusprige Rote-Bete-Chips mit Kabeljau und Maracuja oder süß-frischen Apfelstrudel rekonstruiert.

Käse-Lauch-Suppe Redesigned

Schwierigkeitsgrad: erfordert etwas Übung
Zubereitungszeit: ca. 30 Min. (zzgl. 15 Min. zum Kühlen)

Zutaten für 8 Gläschen

500 g Lauch
Butter zum Andünsten
300 ml Rinderbouillon
8 gestr. Dosierlöffel Agazoon

200 ml Rinderbouillon
200 g Frischkäse
4 gestr. Dosierlöffel Iotazoon

300 g Hackfleisch
Salz, Pfeffer, Paprikapulver
1 kleine Knoblauchzehe, gehackt

Zubehör

2 Pfannen
elektrischer Rührstab
Silikonmatte oder Blech mit Backpapier ausgelegt
Passiertuch
1 Topf
Sahnesiphon mit 2 Patronen
Gläser

1. Zubereitung der Lauchebene Lauchstangen waschen, jeweils das obere und untere Ende entfernen, den Rest in feine Ringe schneiden. Eine Handvoll davon zur späteren Dekoration und Zubereitung des Hackfleischs beiseitelegen.

Die Lauchringe in etwas Butter in der Pfanne andünsten. Die Bouillon hinzugeben, alles kurz zusammen köcheln lassen und mit dem elektrischen Rührstab pürieren. Das Agazoon hinzugeben, verrühren und alles kurz aufkochen lassen. Die Masse auf eine Silikonmatte gießen und gleichmäßig verteilen, damit es überall gleich dick ist. Erkalten lassen und zu Ringen ausstechen, die in die späteren Gläser passen.

2. Zubereitung des Frischkäseschaums Die Rinderbouillon durch ein Passiertuch in einen kleinen Topf geben, sodass eine klare Bouillon übrig bleibt. Diese mit dem Frischkäse und dem Iotazoon verrühren und aufkochen. Nach Geschmack mit Salz und Pfeffer würzen. Die Flüssigkeit in einen Sahnesiphon geben, Sprühkopf aufdrehen und zwei Patronen einsetzen. In einem Messbecher mit kaltem Wasser abkühlen lassen.

3. Zubereitung des Hackfleischs Hackfleisch mit Salz, Pfeffer und Paprikapulver würzen, Knoblauch hinzugeben und in einer Pfanne anbraten. Einige der aufgehobenen Lauchringe klein schneiden und dazugeben. Alles umrühren und 5 Min. weiterbraten.

ANRICHTEN Hackfleisch-Lauch-Mischung etwa bis zur Mitte in breite Gläser füllen. Eine Ebene Lauch auflegen, wenn diese bereits etwas zu kalt ist, können Sie alles zusammen kurz in der Mikrowelle erhitzen. Abschließend den Frischkäseschaum als Topping darübergeben. Perfekt zum Anrichten für mehrere Gäste.

Schwierigkeitsgrad: erfordert etwas Übung
Zubereitungszeit: ca. 20 Min. (zzgl. 1 Std. zum Kühlen)

Glasnudelsalat mit Garnele

Zutaten für 10 Gläser
240 g kräftige Rinderconsommé
6 gestr. Dosierlöffel Agazoon

50 ml asiatische Fischsauce
1 EL Zucker
50 ml Reisessig
1 gestr. Dosierlöffel Calazoon
3 gestr. Dosierlöffel Iotazoon

1 kl. Bund frischer Koriander
1 Knoblauchzehe
1 kl. rote Chilischote
Saft von ½ Limette
10 Garnelen (12/16er)
Olivenöl

Zubehör
2 Töpfe
Schneebesen
Kunststofftablett
Sahnesiphon und 1 Patrone
Shotgläser

1. Herstellung der Glasnudeln Die Rinderconsommé mit 6 gestr. Dosierlöffeln Agazoon aufkochen, den entstehenden Schaum immer abschöpfen. Auf ein flaches Kunststofftablett 1 mm dünn ausgießen. Im Kühlschrank 1 Std. erstarren lassen, danach vom Tablett lösen und aufrollen. Von der Rolle feine Streifen (Tagliatelle) schneiden und diese in den Shotgläsern anrichten.

2. Herstellung des Asia-Schaums Die Fischsauce, den Zucker, 100 ml Wasser und den Reisessig vermischen, mit 1 gestr. Dosierlöffel Calazoon und 3 gestr. Dosierlöffeln Iotazoon aufkochen und in den Sahnesiphon füllen. Patrone eindrehen und kalt stellen.

ANRICHTEN Den Koriander, den Knoblauch und die Chili fein hacken, mit dem Limettensaft zu den Tagliatelle geben und vorsichtig mischen. Den Asia-Schaum daraufsprühen. Die Garnelen in etwas Olivenöl bei moderater Hitze anbraten. Auf den Glasnudeln so platzieren, dass der Garnelenschwanz aus dem Glas ragt. Alternativ wie im Bild auf einem Teller anrichten.

Paprikamousse mit Himbeere und Grapefruitluft

Schwierigkeitsgrad: erfordert etwas Übung
Zubereitungszeit: ca. 25 Min.

1. Herstellung der Paprikamousse Die Paprikaschoten halbieren, vom Kerngehäuse befreien und unter dem Grill erhitzen, bis die Haut Blasen wirft. In einem Gefrierbeutel abkühlen lassen, die Haut abziehen und auf den Rosmarinzweigen im Ofen bei 50–60 °C ca. 1 Std. etwas eintrocknen lassen. Danach mit dem elektrischen Rührstab pürieren und mit der Sahne mischen. Die Milch mit dem Iotazoon unter ständigem Rühren aufkochen, dann die Sahne-Paprika-Mischung dazugeben und verrühren. Durch ein feines Sieb in den Sahnesiphon füllen, die Patrone eindrehen und kalt stellen.

2. Herstellung der Himbeersauce Die Himbeeren mit dem Puderzucker pürieren und durch ein Sieb streichen, um die Samen zu entfernen.

3. Herstellung der Schokoladenzylinder Die PVC-Folie (alternativ Overhead-Folie) in zehn 4–5 cm breite Streifen schneiden. Die Schokolade im Wasserbad schmelzen und mit einer kleinen Palette dünn auf die PVC-Folien-Streifen aufstreichen. Die Folie mit der Schokolade innen zum Ring eindrehen und mit einem Klebestreifen fixieren. Sobald die Schokolade erstarrt ist, den Klebestreifen lösen und die Folie von den Schokoladenzylindern abziehen.

4. Herstellung der Grapefruitluft 50 g Zucker mit der gleichen Menge Wasser zu einem Zuckersirup einkochen. Mit 100 ml Wasser und dem Grapefruitsaft mischen und das Sojalecithin (alternativ 5 gestr. Dosierlöffel Emulzoon) darin auflösen. Mithilfe des elektrischen Milchaufschäumers emulgieren, bis sich Luft bildet, diese ca. 1 Min. stabilisieren lassen.

ANRICHTEN Einen Spiegel aus Himbeersauce auf kleine Teller geben, etwas glattgerührte Crème double hineingeben und mit einem Holzstäbchen marmorieren. Die Schokoladenzylinder abwechselnd mit der Paprikamousse und der Himbeersauce befüllen und neben den Fruchtspiegel legen. Die Grapefruitluft an die Seite setzen.

Zutaten für 10 Portionen

3 rote Paprika
2 gelbe Paprika
1 Rosmarinzweig
200 ml Sahne
200 ml Vollmilch
6 gestr. Dosierlöffel Iotazoon

200 g Himbeeren, tiefgekühlt
70 g Puderzucker

150 g Schokolade 70%
200 ml frischer Grapefruitsaft rosé
50 g Zucker
etwas Crème double
3,5 g Sojalecithin (Apotheke)

Zubehör

elektrischer Rührstab
Topf
feines Sieb
Siphon mit 1 Patrone
PVC-Folie
elektrischer Milchaufschäumer
Teller

Spaghetti-Carbonara-Schnecken

Schwierigkeitsgrad: erfordert etwas Übung

Zubereitungszeit: ca. 35 Min. (zzgl. 30 Min. zum Kühlen und Ruhen)

Zutaten für 4 Personen
200 g Schinkenwürfel
100 ml Sahne
5 gestr. Dosierlöffel Agazoon

480 g Rinderfilet
Salz, Pfeffer
200 g Prinzessbohnen

schwarzes Salz zum Garnieren

Zubehör
4 Spritzen à 20 ml
4 PVC-Schläuche (lebensmitteltauglich) à 2 m, Durchmesser 50 mm
Topf
Pfanne
Alufolie

1. Vorbereitung der Spaghetti-Carbonara-Masse Die Schinkenwürfel in 200 ml Wasser auskochen, sodass man am Ende 100 ml konzentriertes Schinkenwasser erhält. Durch ein Sieb geben, dann die Sahne mit dem Schinkenwasser verrühren und zum Kochen bringen. Ggf. nachwürzen und abschmecken. Wenn die Flüssigkeit kocht, vom Herd nehmen, das Agazoon einrühren und nochmals kurz aufkochen.

Anschließend die leeren Spritzen auf jeweils ein Ende der Schläuche stecken, das andere Ende in die Carbonara-Flüssigkeit tauchen, und mit wenig Druck die Spritzen langsam aufziehen. Durch den Unterdruck wird die Flüssigkeit in die Spritze gezogen. Die Spritze abziehen, sobald der Schlauch gefüllt ist, ohne dass etwas in die Spritzen gerät. Die fertig aufgezogenen Schläuche dann 10 Min. im Kühlschrank abkühlen lassen.

2. Vorbereitung des Rinderfilets Das Rinderfilet nach Bedarf pfeffern, dann scharf anbraten. In Alufolie wickeln und anschließend bei ca. 85 °C für 20 Min. im Ofen ruhen lassen. Die Prinzessbohnen in heißem Wasser gar ziehen lassen.

ANRICHTEN Das Rinderfilet aus dem Ofen nehmen und auf die Teller verteilen, etwas schwarzes Salz darübergeben. Die Prinzessbohnen danebensetzen. Die mit Luft aufgezogenen Spritzen auf jeweils ein Ende der mit der gelierten Carbonara-Flüssigkeit gefüllten Schläuche stecken. Durch leichten Druck auf die Spritze wird die Carbonara-Nudel aus dem Schlauch gedrückt. Die Nudel in Schneckenform neben die Prinzessbohnen spritzen.

TIPP Die passenden Schläuche bekommen Sie im Baumarkt, die Spritzen aus der Apotheke. Ein Set aus zwei Schläuchen und zwei Spritzen erhalten Sie aber auch im biozoon-Onlineshop (siehe Bezugsquellen Seite 115). Falls Sie keine Schläuche zur Verfügung haben, alternativ wie bei der Zubereitung der Glasnudeln (Seite 79) verfahren.

Schwierigkeitsgrad: erfordert etwas Übung
Vorbereitungszeit: 15 Min. (zzgl. 1 Tag zum Kühlen)
Zubereitungszeit: ca. 20 Min.

Tomatenconsommé mit Basilikumspaghetti

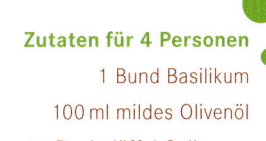

Zutaten für 4 Personen
1 Bund Basilikum
100 ml mildes Olivenöl
20 gestr. Dosierlöffel Celluzoon

4 große, feste Tomaten
1 l klare Tomatenconsommé
etwas Thymian und Rosmarin
Salz, Pfeffer

Zubehör
Schüssel
elektrischer Rührstab
Topf
4 Spritzen à 20 ml
Suppenteller

1. **Vorbereitung der Basilikumspaghetti** Die gezupften Basilikumblätter mit 200 ml Wasser mischen und mithilfe eines elektrischen Rührstabs fein mixen. Nun in kleinen Mengen das Öl dazugeben und weitermixen, mit Pfeffer und Salz abschmecken. Dann das Celluzoon dazugeben und noch einmal mixen. Die Masse über Nacht im Kühlschrank stehen lassen, sodass die eingeschlagene Luft entweichen und das Celluzoon seine volle Wirkung entfalten kann.

2. **Vorbereitung der Tomatenconsommé** Die Tomaten am Stielansatz kreuzweise einschneiden und den Strunk entfernen. Kurz in kochendem Wasser blanchieren und in Eiswasser abschrecken. Häuten, entkernen und in kleine Würfel schneiden. Die Tomatenconsommé erhitzen und die Tomatenwürfel hineingeben. Mit Thymian, Rosmarin, Pfeffer und Salz abschmecken.

ANRICHTEN Mit den Spritzen die fertige Basilikumspaghetti-Masse aufziehen. Die heiße Tomatenconsommé in Suppenteller geben und mit den Spritzen servieren, sodass sich jeder Gast seine Nudeln selber herstellen kann. Durch Eingeben der Masse in die 60 °C heiße Consommé geliert diese sofort und die Spaghetti entstehen.

Schwierigkeitsgrad: eine kleine Herausforderung für Ambitionierte
Vorbereitungszeit: ca. 1 Std. (zzgl. Zeit zum Trocknen und Kühlen)
Zubereitungszeit: ca. 45 Min.

In Kokosmilch pochierter Kabeljau mit Rote Bete und Maracuja

Zutaten für ca. 4 Portionen
1 Rote Bete
500 g Zucker

400 g Kabeljaufilet
300 ml junge, klare Kokosmilch
3 Kaffirlimettenblätter
1 Bund frischer Koriander

200 ml Maracujanektar
3 gestr. Dosierlöffel Iotazoon
3 gestr. Dosierlöffel Calazoon

2 g Sojalecithin (Apotheke)

Maldonsalz zum Garnieren
Koriander und Chilifäden zum Garnieren

Zubehör
2 Töpfe
Schneebesen
Silikonmatte
Sahnesiphon mit 2 Patronen
elektrischer Rührstab

1. Vorbereitung der Rote-Bete-Chips Die Rote Bete in hauchdünne Scheiben schneiden (wenn Sie über eine Aufschnittmaschine verfügen, nutzen Sie diese). 500 ml Wasser und 500 g Zucker aufkochen, die Rote-Bete-Scheiben hinzufügen und glasig ziehen lassen. Anschließend zum Trocknen flach auf eine Silikonmatte legen und 2 Std. bei 50–60 °C in den Ofen schieben.

2. Vorbereitung des Kabeljaus Den Kabeljau in schmale Stücke zerteilen. Kokosmilch mit sehr fein geschnittenen Kaffirlimettenblätter und Koriander aufkochen und die Kabeljaustücke darin pochieren. Anschließend aus dem Kokossud nehmen und bei geringer Hitze zugedeckt im Backofen warm halten.

3. Vorbereitung des Maracujaschaums In einem kleinen Topf den Maracujanektar mit Iotazoon und Calazoon unter ständigem Rühren aufkochen. In den Sahnesiphon füllen, die Patrone eindrehen und kalt stellen.

4. Herstellung des Millefeuille Je fünf Scheiben Rote Bete als Millefeuille abwechselnd mit dem Maracujaschaum aus dem Sahnesiphon schichten.

5. Herstellung der Kokosluft Den Kokossud durch ein feines Sieb geben und auf 200 ml einreduzieren lassen. Abschmecken und mit dem Sojalecithin (alternativ 1 gestr. Dosierlöffel Emulzoon) vermischen. An der Oberfläche mit dem elektrischen Rührstab emulgieren, bis sich Luft bildet, diese etwa 1 Min. stabilisieren lassen.

ANRICHTEN Die Fischfilets zusammen mit den Millefeuilles auf vorgewärmten Tellern anrichten. Etwas Maldonsalz auf die Fischfilets geben. Daneben die Kokosluft setzen. Mit Koriander und Chilifäden garnieren.

TIPP Sie können die dünnen Rote-Bete-Scheiben auch in Reismehl wenden und in der Fritteuse heiß ausbacken.

Schwierigkeitsgrad: macht Ungeübten keine Probleme

Zubereitungszeit: ca. 25 Min. (zzgl. 15 Min. zum Abkühlen)

Warmes Mousse au Chocolat in Vanillefolie

Zutaten für 45 Pralinen

400 ml Vanillemilch
1 Fläschchen Bourbon-Vanille-Aroma
2 EL Zucker
6 gestr. Dosierlöffel Iotazoon
1 gestr. Dosierlöffel Calazoon

160 ml fettarme Milch
2 EL Kakaopuder
2 EL Zucker
6 gestr. Dosierlöffel Iotazoon

40 ml Baileys

weiße Schokodrops
zum Garnieren

Zubehör

2 Töpfe
Schneebesen
Silikonmatte
Sahnesiphon mit 2 Patronen
Messbecher

1. Zubereitung der Vanillefolie Die Vanillemilch zusammen mit dem Vanillearoma und dem Zucker in einem Topf verrühren. Unter Rühren das Iotazoon und das Calazoon hinzugeben und aufkochen lassen.

Eine Silikonmatte bereitlegen und die Mischung gleichmäßig (ca. 3 mm dick) daraufgießen. Durch Erkalten geliert alles zu einem festen Film. Dann Kreise mit einem Durchmesser von ca. 10–12 cm ausschneiden und in kleine, breite Gläser geben, sodass sie als Hülle für die Mousse dienen.

2. Zubereitung der Mousse au Chocolat Die fettarme Milch mit dem Kakaopuder, dem Zucker und dem Iotazoon unter Rühren aufkochen und den Baileys dazugeben. Sofort in den Siphon füllen, verschließen, zwei Kapseln eindrehen und gut schütteln. Etwas kaltes Wasser in einen Messbecher geben und den Siphon ca. 5 Min. darin kalt stellen, zwischendurch schütteln und testen, ob die gesprühte Form erhalten bleibt. Wenn nicht, ist die Mousse noch etwas zu warm. In diesem Fall den Siphon noch einmal kurz in kaltes Wasser stellen.

ANRICHTEN Die warme Mousse au Chocolat in die bereitgestellten Dessertgläser mit der Vanillefolie sprühen. Nach Belieben noch einige Schokodrops daraufgeben.

TIPP Sie können den Baileys auch gegen die gleiche Menge Milch eintauschen, sodass Sie ein alkoholfreies Dessert erhalten.

Schwierigkeitsgrad: macht Ungeübten keine Probleme
Vorbereitungszeit: ca. 10 Min. (zzgl. 1 Tag zum Kühlen)
Zubereitungszeit: 10 Min.

Gemischte Beeren mit Rosé-Mousseline

Zutaten für 10 Gläser

500 ml Roséwein (z. B. aus Kalifornien oder Chile)
6 gestr. Dosierlöffel Iotazoon
100 ml Cointreau
2 gestr. Dosierlöffel Celluzoon

500 g frische gemischte Beeren (z. B. Erdbeeren, Blaubeeren, Himbeeren, Brombeeren)

Zubehör

Schüssel
elektrischer Rührstab
Sieb
Sahnesiphon und 2 Patronen
Martinigläser oder Champagnerschalen, vorgekühlt

Herstellung der Rosé-Mousseline In einem kleinen Topf 100 ml Roséwein mit dem Iotazoon aufkochen und unter Rühren vollständig auflösen. Vom Herd nehmen und die restlichen Flüssigkeiten sowie das Celluzoon klümpchenfrei unterrühren. Durch ein Sieb streichen, in den Sahnesiphon geben, die Patronen eindrehen und mind. 8 Std., besser über Nacht, kalt stellen.

ANRICHTEN Die gemischten Beeren auf die vorgekühlten Martinigläser oder Champagnerschalen verteilen und die Rosé-Mousseline aufsprühen. Mit einem Löffel servieren.

Jasmincreme mit Mangogelee

Schwierigkeitsgrad: macht Ungeübten keine Probleme
Vorbereitungszeit: ca. 10 Min. (zzgl. 1 Tag zum Ziehen)
Zubereitungszeit: ca. 15 Min. (zzgl. 2 Std. zum Kühlen)

Zutaten für 8 Gläser
250 ml Vollmilch
150 ml Sahne
1½ EL Zucker
10 g Jasminblüten

6 gestr. Dosierlöffel Iotazoon
1 gestr. Dosierlöffel Calazoon

200 g Mangopüree
3 gestr. Dosierlöffel Agazoon
4 cl Liçor 43 (Cuarenta y tres)

Minzknospen zum Garnieren

Zubehör
Schüssel
Superbag/sehr feines Sieb
2 Töpfe
Schneebesen
Sahnesiphon und 1 Patrone
kleine Gläser

1. Vorbereitung der Jasmincreme Milch, Sahne und Zucker mischen, über die Jasminblüten gießen und über Nacht im Kühlschrank ziehen lassen.

2. Herstellung der Jasmincreme Die gekühlte Mischung durch einen Superbag oder ein sehr feines Sieb filtern und ausdrücken. Ein Drittel der Mischung mit 6 gestr. Dosierlöffeln Iotazoon und 1 gestr. Dosierlöffel Calazoon unter Rühren aufkochen und dann die restliche Flüssigkeit hinzufügen. In einen Sahnesiphon füllen, Patrone eindrehen und kalt stellen.

3. Herstellung des Mangopürees Die Hälfte des Mangopürees mit 3 gestr. Dosierlöffeln Agazoon vermischen und aufkochen. Dann das restliche Mangopüree und den Likör dazugeben.

ANRICHTEN Kleine Gläser zu drei Vierteln mit der Jasmincreme füllen und das abgekühlte, aber noch nicht gelierte Mangopüree daraufgeben. 2 Std. kalt stellen. Vor dem Servieren mit Minzknospen garnieren.

Schwierigkeitsgrad: erfordert etwas Übung
Vorbereitungszeit: ca. 10 Min. (zzgl. 1 Tag zum Kühlen)
Zubereitungszeit: ca. 20 Min. (zzgl. 20 Min. zum Gelieren)

Brandy-Tagliatelle mit Orangensauce

Zutaten für 10 Portionen
6 gestr. Dosierlöffel Celluzoon

150 ml Orangensaft
50 ml Sirup »Weiße Schokolade«

150 ml Brandy
50 ml Triple Sec
3 TL Rohrohrzucker
6 gestr. Dosierlöffel Iotazoon
1 gestr. Dosierlöffel Calazoon

geraspelte Schale von
1 unbehandelten Orange

Zubehör
Jigger (20–40 ml)
Messbecher
Silikonmatte oder Backpapier
elektrischer Rührstab
kleiner Topf
Schneebesen
Microplane-Reibe
kleine Teller

1. Vorbereitung der Celluzoon-Lösung Das Celluzoon-Pulver in 110 ml warmem Leitungswasser vollständig lösen und in eine Schale geben (siehe Anleitung auf Seite 18). Über Nacht kalt stellen.

2. Zubereitung des Orangenschaums Mischen Sie den Orangensaft mit dem Sirup und 40 ml der Celluzoon-Lösung in einem hohen, aber nicht zu engen Gefäß. Ca. 2 Min. auf höchster Stufe schlagen, kalt stellen und bei Bedarf den Schaum abschöpfen.

3. Zubereitung der Tagliatelle Brandy und Triple Sec in einen Topf geben und den Rohrohrzucker, das Iotazoon und das Calazoon langsam und unter ständigem Rühren dazugeben, sodass eine klumpenfreie Masse entsteht. Bei mittlerer Hitze kurz aufkochen und die heiße Masse auf ein mit einer Silikonmatte oder Backpapier ausgelegtes Blech streichen. Zum Gelieren ca. 20 Min. kalt stellen.

ANRICHTEN Die erkaltete Masse zu einer Rolle drehen und in dünne Streifen (Tagliatelle) schneiden. Auf Tellern zu kleinen Nestern anrichten, Orangenschaum darübergeben und mit frisch geraspelter Orangenschale garnieren. Alternativ wie im Bild auf eine Gabel drehen und als Häppchen servieren.

Schwierigkeitsgrad: erfordert etwas Übung

Zubereitungszeit: ca. 50 Min. (zzgl. 40 Min. zum Kühlen)

Black Forest Fast Cake

Zutaten für 4 Kuchen

50 g dunkle Kuvertüre
50 ml Sahne
100 g Butterkekse, klein gebröselt

400 g entsteinte Kirschen aus dem Glas
6 gestr. Dosierlöffel Agazoon
40 ml Kirschwasser

200 g Frischkäse
3 EL Zucker
10 ml Zitronensaft

Schokotröpfchen zum Garnieren

Zubehör

Topf
Schneebesen
Dessertringe
Schüsseln

1. Herstellung des Keksbodens Die Kuvertüre zusammen mit der Sahne in einen Topf geben und erwärmen, bis die Kuvertüre unter Rühren geschmolzen ist. Die Kekse am einfachsten in einem geschlossenen Plastikbeutel klein bröseln. In eine Schüssel geben und die Kuvertüre-Sahne-Mischung unter ständigem Rühren hinzufügen. Gut vermischen und sofort als erste Ebene in vorbereitete Dessertringe geben und fest drücken. Wenn die Kuvertüre wieder erkaltet, ergibt die Mischung einen festen Tortenboden.

2. Herstellung der Kirschebene In einem kleinen Topf die Kirschen mit etwa 3 EL von ihrem eigenen Saft mischen. Das Agazoon unter ständigem Rühren hinzufügen und auflösen. Erwärmen, das Kirschwasser hinzugeben und einmal aufkochen lassen. Diese Mischung noch warm gleichmäßig auf die Keksböden geben und erkalten lassen.

3. Herstellung der Frischkäseebene Den Frischkäse, den Zucker und den Zitronensaft miteinander vermischen und als letzte Ebene auf die Kuchen geben. Für ca. 30 Min. in den Kühlschrank stellen.

ANRICHTEN Bei Zimmertemperatur servieren. Dazu die Dessertringe entfernen und mit Schokotröpfchen garnieren. Ein Kuchen reicht im Normalfall für zwei Personen.

TIPP Wenn Sie kleinere Dessertringe verwenden, reichen die angegebenen Mengen auch für acht Kuchen.

Schwierigkeitsgrad: erfordert etwas Übung

Zubereitungszeit: ca. 50 Min. (zzgl. Zeit zum Kühlen und Stocken)

Mangoflan

Zutaten für 8 Portionen

12 gestr. Dosierlöffel Celluzoon
1 gestr. Dosierlöffel Iotazoon
200 g Mangopüree (Phillippine Brand, ohne Zucker, Asialaden)

100 g Himbeeren, tiefgekühlt
35 g Puderzucker

Zucker zum Karamellisieren
frische Minze zum Garnieren

Zubehör

elektrischer Rührstab
Sieb
flache Schale
runde Metallausstecher
Dessertteller

1. Vorbereitung der Mangomasse Celluzoon und Iotazoon (alternativ 1 gestr. Dosierlöffel Xanthazoon) mit dem elektrischen Rührstab klümpchenfrei in dem Mangopüree auflösen. Auf 4 °C kühlen (ggf. im Eisbad), die Masse wird dabei deutlich dicker.

2. Herstellung der Himbeersauce Die Himbeeren mit dem Puderzucker pürieren und durch ein Sieb streichen, um die Samen zu entfernen.

3. Herstellung des Mangoflans Das Mangopüree mit dem elektrischen Rührstab sehr schaumig schlagen und in eine große, flache Schale ca. 3 cm hoch eingießen. Entweder bei 120 °C im Backofen oder bei 500–600 W in der Mikrowelle etwa 60 Sek. stocken lassen.

ANRICHTEN Die Himbeersauce auf Desserttellerchen verteilen. Mithilfe eines runden Metallausstechers Kreise aus der Mangomasse ausstechen, samt dem Ring mit einer Palette herausheben und auf die Himbeersauce setzen. Die Oberfläche des Flans mit Zucker bestreuen, dann mit einem Hand-Flambierbrenner vorsichtig und gleichmäßig karamellisieren. Jetzt erst den Ring entfernen und mit Minze dekorieren.

TIPP Als Dekoration eignen sich auch rosa Pfefferbeeren, selbst gemachtes Karamell (Anleitung auf Seite 68 »Latte-Macchiato-Karamell-Praline«) oder Chilifäden.

Schwierigkeitsgrad: erfordert etwas Übung

Zubereitungszeit: ca. 1 Std. (zzgl. 1 Std. zum Erkalten)

Apfelstrudel rekonstruiert

Zutaten für 4 Portionen

30 g Zucker
Zimt
4 gestr. Dosierlöffel Agazoon

400 ml Sahne
20 ml Calvados
7 gestr. Dosierlöffel Iotazoon

300 g säuerliche Äpfel
40 ml Calvados
60 g Zucker
2 gestr. Dosierlöffel Agazoon

Krokant zum Garnieren

Zubehör

3 kleine Töpfe
Schneebesen
Silikonmatte
Messbecher
Sahnesiphon mit 2 Patronen
Dessertringe

1. Zubereitung des Zimtgelees 200 ml Wasser mit Zucker, Zimt nach Belieben und Agazoon in einem kleinen Topf verrühren und einmal aufkochen. Gleichmäßig auf eine Silikonmatte gießen. Nachdem die Masse fest geworden ist, mithilfe der Dessertringe gleich große Kreise ausstechen, aber noch auf der Matte liegen lassen.

2. Zubereitung der Calvadossahne In einem Topf Sahne mit 20 ml Calvados und 7 gestr. Dosierlöffeln Iotazoon verrühren und einmal aufkochen lassen. Die noch warme Flüssigkeit in einen Sahnesiphon geben, verschließen, zwei Patronen eindrehen und schütteln. Einen Messbecher mit kaltem Wasser füllen und den Siphon zum Abkühlen hineinstellen.

3. Zubereitung des Apfelkompotts Äpfel schälen und das Kerngehäuse entfernen. In Würfel schneiden und mit Calvados, 100 ml Wasser und Zucker in einen kleinen Topf geben. Alles verrühren und das Agazoon hinzufügen. Einmal aufkochen und beiseitestellen.

ANRICHTEN Die Dessertringe auf die Teller stellen. Als erste Schicht das warme Apfelkompott in die Ringe füllen, darauf die Calvadossahne geben und mit einem Zimtgeleekreis abschließen. Je nach Höhe des Dessertrings können Sie diese Ebenen zweimal einsetzen. Die Apfelstrudel sollten für mind. 1 Std. in den Kühlschrank gestellt werden, nach Erkalten sind die einzelnen Schichten stabil. Vor dem Servieren den Dessertring entfernen und mit Krokant und Calvadossahne garnieren.

TIPP Nach Belieben dem Zimtgelee 3–4 gestr. Dosierlöffel goldene Perlglanzpigmente (Perlazoon GOLD) hinzufügen, dadurch sieht es noch etwas exklusiver aus.

Party Highlights

Mit den in Hummerfolie gewickelten Garnelen, dem elektrischen Caipirinha oder dem trendigen Bockwursteis können Sie nicht nur zeigen, was Sie als Molekularkoch draufhaben, sondern beeindrucken mal ganz nebenbei noch mit extravaganten Kreationen. Das setzt der Party das Krönchen auf!

Elektrischer Caipirinha | Spanische Tomatensuppe | Garnelenbonbon in Hummerfolie | Pilzconsommé mit Trüffelnudeln | Gnocchi mit Schinkenchip und Bockwursteis | Sphärisierte Feuerzangenbowle

Schwierigkeitsgrad: erfordert etwas Übung
Vorbereitungszeit: ca. 20 Min. (zzgl. 1 Tag zum Kühlen und Gefrieren)
Zubereitungszeit: ca. 20 Min.

Elektrischer Caipirinha

Zutaten für 40 Caipirinha-Sphären

12 gestr. Dosierlöffel Algizoon
1 l stilles, calciumarmes Mineralwasser

100 ml Limettensaft
75 ml Zuckersirup
12 gestr. Dosierlöffel Calazoon
150 ml Cachaça

50 ml Limettensaft
50 ml Zuckersirup

Knistazoon als Finish

Zubehör

Schalen
Schneebesen
Messbecher
elektrischer Rührstab
kugelförmige Eiswürfelbehälter
Sieblöffel
Happy Spoons

1. Vorbereitung des Algizoon-Bades Das Algizoon-Pulver mithilfe des elektrischen Rührstabes in 1 l stillem, calciumarmen Mineralwasser vollständig auflösen. In eine Schale füllen und für mind. 1 Std., besser über Nacht, im Kühlschrank ausquellen lassen.

2. Vorbereitung der Caipirinha-Lösung In einem Messbecher 75 ml Leitungswasser mit Limettensaft und Zuckersirup mischen. Das Calazoon mithilfe des elektrischen Rührstabes vollständig darin auflösen. Den Cachaça unterrühren, möglichst wenig Luft dabei einarbeiten. Die Lösung dann in kleine Formen füllen und über Nacht in den Gefrierschrank stellen, sodass sie tiefgefroren ist.

3. Herstellung der Caipirinha-Sphären Die Algizoon-Lösung in eine Schale geben, eine zweite Schale mit Eiswasser danebenstellen. Die gefrorenen Caipirinha-Lösungen in das Algizoon-Bad geben, die Sphären dürfen sich in der Lösung nicht berühren. Nach 2 Min. die Sphären vorsichtig drehen bzw. bewegen, damit die Unterseite nach oben kommt. Noch 2 Min. im Algizoon-Bad belassen, danach mit dem Sieblöffel herausnehmen und in Eiswasser abspülen.

Die restlichen 50 ml Limettensaft mit den übrigen 50 ml Zuckersirup und 150 ml Wasser mischen, in eine Schale geben und die fertigen Sphären darin einlegen und bis zum Servieren sehr kalt stellen (ca. 3 °C).

ANRICHTEN Die Caipirinha-Sphären aus der Lösung nehmen, auf Küchenpapier abtropfen lassen und auf Happy Spoons anrichten. Mit Knistazoon bestreut servieren.

TIPP Mithilfe des Texturgebers Xanthazoon ist auch eine andere Zubereitung der Caipirinha-Lösung möglich, bei der man sich das Einfrieren spart. 3 gestr. Dosierlöffel Xanthazoon in die Caipirinha-Lösung aus Schritt 2 geben und 30 Min. im Kühlschrank quellen lassen. Diese Lösung dann mithilfe eines Dosierlöffels in das Algizoon-Bad tropfen (siehe Anleitung auf Seite 22).

Schwierigkeitsgrad: erfordert etwas Übung
Zubereitungszeit: ca. 50 Min. (zzgl. 20 Min. zum Kühlen)

Spanische Tomatensuppe

Zutaten für 8 Personen

200 ml Sahne
12 Basilikumblätter
3 gestr. Dosierlöffel Iotazoon

100 g Zwiebeln
20 g Zucker
30 ml heller Essig

500 g passierte Tomaten
1 Knoblauchzehe, gehackt
1 TL dunkler Balsamico
Salz, Pfeffer
1 TL Zucker
½ TL Speisestärke

100 ml weißer Traubensaft
1 Spritzer Zitronensaft
2 gestr. Dosierlöffel Agazoon

Zubehör

kleine Töpfe
Schneebesen
elektrischer Rührstab
Silikonmatte
Suppenschälchen

1. Zubereitung der Basilikumcreme Die Sahne mit dem klein gezupften Basilikum in einen Topf geben und mit einem elektrischen Rührstab fein pürieren. Das Iotazoon hinzugeben, umrühren und einmal aufkochen lassen. Stetig umrühren, es sollte eine cremige Konsistenz entstehen.

2. Zubereitung des Zwiebelconfits Zwiebeln in Ringe schneiden, mit Zucker, Essig und 100 ml Wasser in einen Topf geben und bei geringer Hitze köcheln lassen, sodass es reduziert, aber nicht anbrennt. Fertiges Confit warm halten.

3. Zubereitung der Tomatensuppe Passierte Tomaten zusammen mit dem Knoblauch, dem Balsamico, Salz und Pfeffer und dem Zucker in einen Topf geben. Unter Zugabe der Speisestärke alles verrühren und bei mittlerer Hitze köcheln lassen.

4. Zubereitung des Traubengelees Den Traubensaft mit etwas Zitronensaft in einen Topf geben, das Agazoon unter ständigem Rühren auflösen und einmal aufkochen lassen. Die Mischung auf einer Silikonmatte gleichmäßig verteilen und erkalten lassen.

ANRICHTEN Die heiße Tomatensuppe in kleine Suppenschälchen füllen. Darauf jeweils 1-2 EL der Basilikumcreme geben und mit einem Holzstab dekorative Linien ziehen. Nach Belieben mit etwas Basilikum garnieren. Das Traubengelee in kleine Streifen schneiden und neben der Suppe anrichten, 1 TL Zwiebelconfit auf die andere Seite der Tomatensuppe geben. Mit einem Löffel entweder das Gelee oder das Confit aufnehmen, etwas Suppe dazu auf dem Löffel drapieren und genießen.

Schwierigkeitsgrad: eine kleine Herausforderung für Ambitionierte
Vorbereitungszeit: ca. 15 Min. (zzgl. 1 Tag zum Kühlen und 30 Std. zum Trocknen)
Zubereitungszeit: ca. 25 Min.

Garnelenbonbon in Hummerfolie

Zutaten für ca. 20 Bonbons
200 ml Hummerfond
14 gestr. Dosierlöffel Celluzoon

10 Garnelen (8/12er), roh, ohne Kopf
1 rote Chilischote
1 frischer Korianderzweig
2 Kaffirlimettenblätter
1 Spritzer asiatische Fischsauce

Cocktail-, Wasabi- oder Teriyakisauce zum Servieren

Zubehör
Messbecher
Schneebesen
Mixer
Kunststofftablett
Messer
Klarsichtfolie

1. Herstellung der Hummerfolie Den Hummerfond in einem hohen Gefäß (Messbecher) mit dem Celluzoon klümpchenfrei verrühren und über Nacht in den Kühlschrank stellen.

Die Mischung dann mit einem Mixer aufschäumen. Sehr dünn (etwa 1–2 mm) und gleichmäßig auf glatte Kunststofftabletts (nicht Silikon, Silpat oder Backpapier verwenden!) streichen und ca. 30 Std. trocknen lassen. Mit einem scharfen Messer aus der entstandenen Hummerfolie auf dem Tablett Rechtecke von etwa 6 x 10 cm Größe schneiden und diese vorsichtig von dem Tablett lösen.

2. Herstellung des Garnelenbonbons Die Garnelen schälen, den Darm entfernen und sehr fein hacken. Die Chilischote entkernen und fein hacken. Den Koriander und die Kaffirlimettenblätter ebenfalls fein hacken. Mit der Chili und den Garnelen mischen und mit der asiatischen Fischsauce abschmecken. Mithilfe von zwei Teelöffeln aus dem Tartar kleine Nocken formen und diese in Klarsichtfolie fest eindrehen. In siedendem Wasser 3–4 Min. pochieren. Aus der Folie lösen und auf Küchenpapier abtropfen lassen.

ANRICHTEN Die warmen Nocken wie ein Bonbon in die Hummerfolie wickeln und die Enden verdrehen. Noch warm servieren. Dazu passt eine klassische Cocktail- oder Teriyakisauce sowie Wasabi. Schmeckt aber auch ohne Dip.

TIPP Wenn Sie keine frischen Garnelen bekommen, können Sie auch tiefgefrorene verwenden. Diese vorher gut auftauen lassen und wie oben beschrieben verfahren.

Schwierigkeitsgrad: erfordert etwas Übung
Vorbereitungszeit: 15 Min. (zzgl. 1 Tag zum Kühlen)
Zubereitungszeit: ca. 25 Min.

Pilzconsommé mit Trüffelnudeln

Zutaten für 8 Portionen
1 l kräftige Pilzconsommé
8 gestr. Dosierlöffel Celluzoon

220 ml Olivenöl
20 ml Trüffelöl
Fleur de Sel

Suppeneinlage nach Belieben
(Gemüse- und Pilzstreifen,
Sojasprossen etc.)

Zubehör
Schüssel
elektrischer Rührstab
8 Spritzen à 20 ml
Topf
Suppentassen

1. **Vorbereitung der Trüffelnudeln** 80 g Pilzconsommé und das Celluzoon mithilfe des elektrischen Rührstabes klümpchenfrei verrühren. Abkühlen lassen und über Nacht in den Kühlschrank stellen. Auf 4 °C (wichtig!) herunterkühlen.

2. **Herstellung der Trüffelnudeln** Die Mischung mithilfe eines elektrischen Rührstabes mit Emulgierscheibe aufmontieren und das Oliven- und Trüffelöl in dünnem Strahl einfließen lassen. Mit etwas Fleur de Sel abschmecken und mit den Spritzen aufziehen. Beiseitestellen.

ANRICHTEN Die restliche Consommé mit der Gemüseeinlage erhitzen (mind. 60 °C) und in vorgewärmten Tassen sehr heiß servieren. Die Trüffel-Olivenöl-Mischung aus den Spritzen dazu servieren, sodass jeder Gast sich etwas davon in die Suppe geben kann. Die Nudeln entstehen direkt in der Suppe, sie muss dafür aber mind. 60 °C heiß sein.

TIPP Eine Temperatur der Nudelmasse von 4 °C erreichen Sie auch, wenn Sie die Lösung aus Schritt 1 nach dem Kühlen für ca. 5 Min. in ein Wasserbad mit Eiswürfeln setzen. Dabei stetig umrühren.

- Schwierigkeitsgrad: eine kleine Herausforderung für Ambitionierte
- Vorbereitungszeit: ca. 1 Std. (zzgl. 1 Tag zum Kühlen und Gefrieren)
- Zubereitungszeit: ca. 15 Min.

Gnocchi mit Schinkenchip und Bockwursteis

Zutaten für ca. 20 Portionen

200 g violette Kartoffeln
250 ml Kalbsfond
15 ml Olivenöl
10 gestr. Dosierlöffel Algizoon
Salz

300 ml Geflügelfond
100 g geräucherter Speck
2 Bockwürste (ca. 100 g)
2 gestr. Dosierlöffel Iotazoon
100 ml Sahne

20 hauchdünne Scheiben Serranoschinken

10 gestr. Dosierlöffel Calazoon

Olivenöl und Fleur de Sel zum Garnieren

Zubehör

Topf
elektrischer Rührstab
Sieb
Siphon (500 ml) mit 1 Patrone
Eismaschine
Silpatmatte
Schale
Siphon-Adapter für Gnocchi
Schere
tiefe Teller

1. Vorbereitung der Gnocchi-Masse Die Kartoffeln weich kochen und pellen. Unter Zugabe des Kalbsfonds pürieren, das Olivenöl und 10 gestr. Dosierlöffel Algizoon einarbeiten und mit Salz abschmecken. Durch ein Sieb in einen Siphon füllen und die Patrone eindrehen. Über Nacht kalt stellen.

2. Herstellung des Bockwursteises In einem kleinen Topf den Geflügelfond und den Speck erwärmen und 1 Std. ziehen lassen, danach durch ein Sieb geben. Die Würste klein schneiden und mit dem Speckfond pürieren. Durch ein feines Sieb streichen und die austretende Flüssigkeit auffangen. 100 ml dieser Flüssigkeit mit dem Iotazoon unter ständigem Rühren aufkochen und danach die restliche Flüssigkeit sowie die Sahne hinzufügen. Die Masse in einer Eismaschine gefrieren.

3. Herstellung der Schinkenchips Den Serranoschinken im Backofen auf einer Silpatmatte bei 120 °C knusprig backen.

4. Vorbereitung des Calazoon-Bades 10 gestr. Dosierlöffel Calazoon in 325 ml Leitungswasser in einer flachen Schale unter Rühren vollständig auflösen.

5. Herstellung der Gnocchi Mithilfe eines Siphon-Adapters für Gnocchi die vorbereitete Gnocchi-Masse in der Calazoon-Lösung unter Wasser aussprühen, und dort mit einer Schere in Stücke schneiden. 2 Min. in der Calazoon-Lösung belassen, danach in einem Topf mit etwas Kalbsfond erwärmen (nicht kochen).

ANRICHTEN Die Gnocchi in tiefen Tellern anrichten, den Schinkenchip anlegen und darauf das Bockwursteis platzieren. Mit Olivenöl beträufeln und Fleur de Sel abrunden.

Schwierigkeitsgrad: eine kleine Herausforderung für Ambitionierte
Vorbereitungszeit: ca. 1 Std. (zzgl. 1 Tag zum Kühlen und Gefrieren)
Zubereitungszeit: ca. 10 Min.

Sphärisierte Feuerzangenbowle

Zutaten für 15 Portionen

7 gestr. Dosierlöffel Algizoon
500 ml stilles, calciumarmes Mineralwasser

500 ml Rotwein (z. B. Merlot)
250 ml roter Portwein
1 Zimtstange
2 Gewürznelken
1 Kapsel Kardamom
90 g Zucker
Schale von 1 Bio-Orange

6 gestr. Dosierlöffel Calazoon
3 Blätter Gelatine, in Wasser eingeweicht

Jamaika-Rum (73 %) zum Flambieren
brauner Zucker zum Bestreuen

1. **Vorbereitung des Algizoon-Bades** Algizoon-Pulver in 500 ml stillem, calciumarmen Mineralwasser mit einem elektrischen Rührstab vollständig klumpenfrei auflösen. In eine große Schale füllen und für mind. 1 Std., besser über Nacht, im Kühlschrank ausquellen lassen.

2. **Vorbereitung der Feuerzangenbowle-Lösung** In einem Topf den Rotwein und den Portwein zusammen mit den Gewürzen und dem Zucker aufkochen und bei geringer Hitze auf 500 ml einreduzieren lassen. Vom Herd nehmen und die Orangenschale im Ganzen hinzugeben. 1 Std. darin ziehen lassen und die Bowle anschließend durch ein Sieb geben.

250 ml dieser Bowle-Lösung beiseitestellen. Die restlichen 250 ml mit dem Calazoon verrühren, bis es vollständig aufgelöst ist. Hierbei möglichst wenig Luft einarbeiten. Die Gelatine hinzufügen und unter Rühren erwärmen. In Eiskugelformen geben und fest werden lassen.

Zubehör

elektrischer Rührstab
Schale
Topf
Sieb
Messbecher
Eiskugelformen
Schüssel
Sieblöffel
Happy Spoons

3. Herstellung der Feuerzangenbowle-Sphären Jeweils eine gelierte Portion der Feuerzangenbowle-Lösung in das Algizoon-Bad geben, darauf achten, dass sich die Sphären in dem Bad nicht berühren, sonst kleben sie zusammen. Die Sphären nach ca. 1 Min. in dem Bad wenden und nach etwa 8 Min. mit dem Sieblöffel aus dem Bad schöpfen. In klarem Wasser abspülen und in der beiseitegestellten Feuerzangenbowle-Lösung einlegen.

ANRICHTEN Zum Servieren die Sphären in der Feuerzangenbowle-Lösung erwärmen (nicht kochen!), einzeln herausnehmen. Auf Küchenpapier abtropfen lassen. 5 ml Rum auf den Happy Spoon geben, die Sphäre daraufsetzen und etwas braunen Zucker darüberstreuen. Anzünden – der Rum verbrennt, dabei karamellisiert der Zucker. Nachdem die Flamme erloschen ist, genießen.

TIPP Die Feuerzangenbowle-Lösung alternativ mit 5 gestr. Dosierlöffeln Xanthazoon binden und dann im Algizoon-Bad sphärisieren. So spart man sich das Gelieren mit Gelatine und die Zeit zum Kühlen.

Die Autoren

AXEL HERZ

kreiert als Barchef im »Le Ciel« des Le Méridien Hamburg täglich neue Molekular- und Cocktail-highlights. Für »Molekulare Partyrezepte« entwickelte er spektakuläre Rezepte – die perfekte Ergänzung von Innovation und Professionalität.

www.starwoodhotels.com/lemeridien

RON DE PRETER

selbstständiger Barkeeper, Kolumnist und Brand-Ambassador, bietet neben professionellem Cocktailcatering auch Workshops für private Teilnehmer und Unternehmen an. Sein aktuelles Fachgebiet ist die »Molecular Mixology«, also der Bereich der molekular interpretierten Cocktails.

www.rons-cocktail-service.de

SABRINA GLASMACHER

ist als Produktmanagerin der Firma biozoon Expertin für die Entwicklung neuer Produkte und Rezepte im molekularen Bereich. Als Mit-Autorin des Netzwerks »Molecular Fun« (www.molecularfun.de) sorgt sie für News und Facts rund um die molekulare Welt.

www.biozoon.de

Bezugsquellen A - Z

AUSSTECHRINGE www.gaumenshop.de; www.backformen-shop.de/shop; www.edelstahl-in-bestform.de

BANANENLIKÖR, GRÜN Wenneker www.coolpassion.de

BARSIEB Standard-Cocktailzubehör liefert www.barstuff.de

COCKTAILGLÄSER Standard-Cocktailzubehör liefert www.barstuff.de

CRANBERRYSAFT Granini

DESSERTRINGE www.backformen-shop.de/shop

DROPLÖFFEL www.biozoon.de/shop

EISWÜRFELFORMEN aller Art www.pearl.de

FETTSPRAY No-Stick cooking spray www.americanfood4u.de, Supermarkt US-Artikel

HAND-FLAMBIERBRENNER www.bosfood.de; www.inter-gastro.de

HAPPY SPOONS www.biozoon.de/shop

JASMINBLÜTEN Asialaden

JIGGER www.biozoon.de/shop

KARAMELLLIKÖR De Kuyper www.barfish.de

KARAMELLSIRUP Monin

KUNSTSTOFFTABLETT www.gastro24.de

LITSCHILIKÖR Wenneker www.coolpassion.de

MALDONSALZKRISTALLE www.bosfood.de

MANGOPÜREE Asia-Laden

MICROPLANE-REIBE www.bosfood.de

ORANGE FLOWER WATER www.coolpassion.de

PAPIERFÖRMCHEN im Kaufhaus bei Partyartikeln

PFIRSICHLIKÖR www.barfish.de/catalog

PIPETTEN (Kunststoff) www.biozoon.de/shop

PVC-FOLIE Konfiserie-/Pâtisseriebedarf, www.pralinenwerkzeug.de

PVC-SCHLÄUCHE (lebensmitteltauglich) im Baumarkt, www.biozoon.de/shop (Fake Pasta Set)

REAGENZGLÄSER www.carlroth.de

REAGENZGLASSTÄNDER www.carlroth.de; www.bosfood.de

SAHNEROLLEN www.staedter.de

SAHNESIPHON plus Patronen www.isi-group.com; www.biozoon.de/shop

SCHWARZES SALZ www.bosfood.de

SIEBLÖFFEL www.biozoon.de/shop

SILIKONMATTEN www.gaumenshop.de

SILPATMATTE www.buy-box.com

SIPHON-ADAPTER FÜR GNOCCHI www.isi-group.com

SIRUP Monin

SUPERBAG www.frischeparadies.de

TROPFFLASCHEN www.biozoon.de/shop

WASSERMELONENLIKÖR Wenneker www.coolpassion.de

Alle TEXTURGEBER für die aufgeführten Rezepte und den auf Seite 8 beschriebenen BAUSATZ finden Sie bei www.biozoon.de/shop

Die »Brandy-Tagliatelle mit Orangensauce« wurde auf Besteck der Firma Mono fotografiert. Auf der Rezeptfotografie »Jasmincreme mit Mangogelee« sieht man einen Kaffeelöffel der gleichen Serie.

mono
eine Marke der Seibel Designpartner GmbH
Industriestraße 5, 40822 Mettmann
www.mono.de

Der »Green Coconut Fruit« wurde auf Porzellan der Firma Villeroy & Boch fotografiert.

Villeroy & Boch AG
Unternehmensbereich Tischkultur
Saaruferstraße, 66693 Mettlach
www.villeroy-boch.com

Die »Schinkenkörbchen mit Melonenkaviar« sowie der »Mangoflan« wurden auf Porzellan der Firma KPM fotografiert.

KPM Königliche Porzellan-Manufaktur
Berlin GmbH
Wegelystraße 1, 10623 Berlin
www.kpm-berlin.com

NOCH MEHR MOLEKULARER SPASS

BUCH – Molekulare Cocktails
ISBN: 978-3-86528-640-6
€ (D) 14,90 / € (A) 15,40 / CHF 24,80

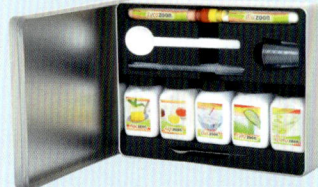

CocktailPro – Box mit Buch
ISBN: 978-3-86528-649-9
€ (D) 49,90 / € (A) 51,30 / CHF 79,–

BUCH – Molekulare Desserts
ISBN: 978-3-86528-657-4
€ (D) 14,90 / € (A) 15,40 / CHF 24,80

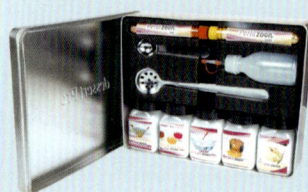

DessertPro – Box mit Buch
ISBN: 978-3-86528-652-9
€ (D) 49,90 / € (A) 51,30 / CHF 79,–

Rezeptverzeichnis

Apfelstrudel rekonstruiert | 96

Bananenweizen mit Weißwurstchip | 55
Black Forest Fast Cake | 92
Brandy-Tagliatelle mit Orangensauce | 91
Bull Shooter | 30

Canapé Hawaii | 59
Cheesy Foam | 57

Djakarta Kiss | 43

Elektrischer Caipirinha | 101

Fingerfood Cheese Sticks | 53

Galliano Hot Shot | 72
Garnelenbonbon in Hummerfolie | 105
Gemischte Beeren mit Rosé-Mousseline | 87
Gin Tonic | 42
Glasnudelsalat mit Garnele | 79
Gnocchi mit Schinkenchip und
 Bockwursteis | 108
Green Coconut Fruit | 36

In Kokosmilch pochierter Kabeljau
 mit Rote Bete und Maracuja | 84

Jasmincreme mit Mangogelee | 89

Karottenkaviar auf Frischkäsecracker | 56
Käse-Lauch-Suppe Redesigned | 77

Latte-Macchiato-Karamell-Praline | 68

Lychee-Tiser | 39

Mangoflan | 94
Molekularer Burger | 65

Paprikamousse mit Himbeere
 und Grapefruitluft | 81
Party Special | 45
Pilzconsommé mit Trüffelnudeln | 107

Rotwein Jelly | 32

Schinkenkörbchen mit Melonenkaviar
 und Rucolaluft | 62
Sex on the Beach | 46
Sex on the Beach Spoon Cocktail | 48
Sheer Cinnamon | 34
Spaghetti-Carbonara-Schnecken | 82
Spanische Tomatensuppe | 102
Sphärisierte Feuerzangenbowle | 111
Summer Kiss | 33

Toffee-Drops | 70
Tomatenconsommé
 mit Basilikumspaghetti | 83

Warmes Mousse au Chocolat
 in Vanillefolie | 86
Wassermelonenkaviar mit
 Limoncello-Espuma | 71
Wodka-Energy-Shot | 40

Ziegenkäsecreme in Knäckerolle | 61

Sachregister

Agazoon | 8, **12**, 20, 32, 34, 36, 42, 53, 65, 68, 77, 79, 82, 89, 92, 96, 102
Algizoon | 8, **10**, 11, 22f, 24, 30, 33, 43, 45, 46, 48, 56, 62, 65, 71, 72, 101, 108, 111
Amaretto | 43
Ananas | 27, 46, 59
Ananassaft | 48
Apfel | 56
Apfelsaft | 45
Ascorbinsäure | 62
Bacardi Razz | 34
Baileys | 86
Bananenlikör | 43, 115
Bananennektar | 43, 55
Basilikum | 83, 102
Beeren | 87
Bier | 55
Blue Curaçao | 22, 36
Bockwurst | 108
Brandy | 32, 91
Cachaça | 101
Calazoon | 8, 10, **11**, 14, 22, 23, 24, 30, 33, 43, 45, 46, 48, 56, 59, 62, 65, 71, 72, 79, 84, 86, 89, 91, 101, 108, 111
Calvados | 96
Celluzoon | 8, **13**, 18, 39, 40, 45, 48, 53, 71, 83, 87, 91, 94, 105, 107
Champagner | 44
Chester-Käse | 57, 65
Chili | 79, 84, 94, 105
Cointreau | 34, 87
Cracker | 56, 57
Cranberrysaft | 45, 46, 48
Crème de Menthe, grün | 39

Emmentaler | 53
Emulzoon | 26, 81, 84
Energy-Drink | 30, 40
Espresso | 72
Feigensenf | 61
Fleur de Sel | 107, 108
Frischkäse | 56, 77, 92
Galiamelone | 62
Galliano | 22, 72
Garnele | 79, 105
Gelatine | 12, 20, 26, 111
Gin | 42
Gouda | 53
Grapefruit | 36
Grapefruitsaft | 81
Grenadine | 45
Gurkensticks | 65
Hackfleisch | 77
Himbeeren | 34, 81, 94
Hot-Dog-Brötchen | 65
Hummerfond | 105
Iotazoon | 8, 11, **14**, 16, 26, 55, 57, 59, 61, 65, 70, 71, 77, 79, 81, 84, 86, 87, 89, 91, 94, 96, 102, 108
Jasminblüten | 89
Kabeljau | 84
Kaffee | 68
Kaffirlimettenblätter | 84, 105
Karamelllikör | 70
Karamellsirup | 68, 70
Karottensaft | 56
Kartoffeln, violett | 108
Ketchup | 10, 13, 14, 65

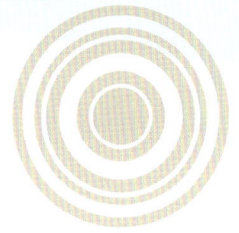

Kirschen | 92
Kirschwasser | 92
Knistazoon | 8, **15**, 42, 71, 101
Kokoslikör | 36, 43
Kokosmilch | 84
Kokosraspeln | 36, 43
Koriander | 79, 84, 105
Kräuterlikör | 30
Lauch | 77
Leerdammer | 59
Limettensaft | 79, 101
Limettenschale | 42
Limoncello | 71
Litschilikör | 39
Litschisaft | 39
Maldonsalz | 84
Mandarinensaft | 53
Mangonektar | 36
Mangopüree | 89, 94
Maracujanektar | 33, 84
Milch | 11, 12, 14, 16, 24, 26, 57, 68, 81, 86, 89
Orange | 27, 32, 91, 111
Orangensaft | 33, 53, 91
Paprika | 77, 81
Parmesan | 53
Pfirsichlikör | 46, 48
Pfirsichsaft | 53
Pilzconsommé | 107
Portwein, rot | 32, 111
Prinzessbohnen | 82
Rinderconsommé | 79
Rinderfilet | 65, 82
Roséwein | 87

Rosmarin | 61, 81, 83
Rote Bete | 84
Rotwein | 32, 111
Rotweinschalotten | 61
Rucola | 62
Rum | 20, 53, 111
Sahne | 33, 43, 57, 65, 70, 72, 81, 89, 92, 96, 102, 108
Schinken | 82, 59, 62, 108
Schokolade | 32, 92, 81
Schokoladensirup | 91
Sojalecithin | 62, 81, 84
Tomaten | 61, 83, 102
Tomatenconsommé | 83
Tonic | 42
Trauben | 53
Traubensaft | 53, 102
Triple Sec | 32, 91
Trüffelöl | 107
Vanillesirup | 33
Wassermelone | 71
Wassermelonenlikör | 45
Weißbrot | 59
Weißwurst | 55
Wodka | 20, 39, 40, 46, 48
Xanthazoon | 13, 27, 33, 43, 45, 48, 94, 101, 111
Ziegenfrischkäse | 61
Ziegenmilch | 61
Zimt | 34, 70, 96, 111
Zitronensaft | 34, 71, 92, 102
Zucker | 14, 15, 34, 36, 53, 65, 68, 71, 72, 79, 81, 84, 86, 89, 91, 92, 94, 96, 102, 111
Zuckersirup | 101

IMPRESSUM

© 2009 Neuer Umschau Buchverlag GmbH, Neustadt an der Weinstraße

Alle Rechte der Verbreitung in deutscher Sprache, auch durch Film, Funk, Fernsehen, fotomechanische Wiedergabe, Tonträger jeder Art, auszugsweisen Nachdruck oder Einspeicherung und Rückgewinnung in Datenverarbeitungsanlagen aller Art, sind vorbehalten.

Alle Angaben in diesem Buch sind von den Autoren und dem Verlag sorgfältig recherchiert und geprüft, dennoch kann eine Garantie nicht übernommen werden. Eine Haftung für Personen-, Sach- und Vermögensschäden ist ausgeschlossen.

Rezepte
Siehe Inhaltsverzeichnis Seite 2-3

Alle weiteren Texte
Sabrina Glasmacher, Bremerhaven

Fotografie
Antje Plewinski, Berlin
www.plewinski-fotografie.de

Mit Ausnahme nachfolgender Bilder und Illustrationen
die Basis, Wiesbaden, freie Illustrationen und Elemente
Sabrina Glasmacher, Bremerhaven, auf der Seite 9
Nils Thies (www.nilsthies.de), Bremerhaven, auf den Seiten 19, 21
Fotolia auf den Seiten 28 (© nikkytok - Fotolia.com), 50 (© Ivan Bliznetsov - Fotolia.com),
74 (© Dolnikov - Fotolia.com) und 98 (© Alexey Klementiev - Fotolia.com),
Personensilhouetten (© Kirsty Pargeter - Fotolia.com)

Foodstyling
Olaf Brummel, Bielefeld
Nico Vorreyer, Bielefeld

Lektorat
Vanessa Herzog, Neustadt an der Weinstraße

Herstellung
Birgit Wucher, Neustadt an der Weinstraße

Gestaltung und Satz
die Basis - Kommunikation, Ideenwerk und Design, Wiesbaden
www.die-basis.de

Reproduktion
Blaschke Vision, Linsengericht Gro

Druck und Verarbeitung
NINO Druck GmbH, Neustadt an der Weinstraße

Printed in Germany
ISBN: 978-3-86528-696-3

Besuchen Sie uns im Internet
www.umschau-buchverlag.de